〔漢〕劉熙 撰

釋名

附 音序筆畫索引

中華書局

圖書在版編目(CIP)數據

釋名:附音序、筆畫索引/(漢)劉熙撰. —北京:中華書局,2016.4(2025.4重印)
ISBN 978-7-101-11636-6

Ⅰ.釋… Ⅱ.劉… Ⅲ.漢語-訓詁-古代
Ⅳ.H131.3

中國版本圖書館CIP數據核字(2016)第054328號

特約編輯:秦淑華
責任編輯:張　可
責任美編:劉　麗
責任印製:陳麗娜

釋　名 附音序、筆畫索引
〔漢〕劉　熙　撰
*
中華書局出版發行
(北京市豐臺區太平橋西里38號　100073)
http://www.zhbc.com.cn
E-mail:zhbc@zhbc.com.cn
高教社(天津)印務有限公司印刷
*
880×1230毫米 1/32・5⅜印張・2插頁
2016年4月第1版　2025年4月第8次印刷
印數:17501-18500冊　定價:24.00元

ISBN 978-7-101-11636-6

出版説明

我國傳統的語言文字學又稱小學，爲治經明史之基礎，其發展源遠流長，經歷了先秦的萌芽時期，到漢代出現了重要的語言學著作《爾雅》《方言》《説文解字》和《釋名》。作爲傳統語言學的奠基之作，這四部典籍爲歷代治學者所重視，爲中華文化的傳承作出了重要貢獻。當前傳統文化深受重視，許多讀者由文而史，而經，進而對上述四種小學典籍産生了很大興趣，却苦於找不到一種既有一定權威性，又便於使用的本子。有鑒於此，我們不以所謂善本、孤本爲追求目標，而選取四種經典版本加以影印，施以圈點句讀、標示字頭、編製索引，爲學界提供方便精善的讀本。

《釋名》，原題漢末北海劉熙撰，是我國第一部聲訓學著作，該書試圖説明一切詞的「所以之意」，而聲訓是它的途徑。現今能見到的最早傳世本《釋名》

爲明嘉靖三年（一五二四）儲良材、程鴻刻本。《四部叢刊初編·經部》則影印江南圖書館藏明嘉靖翻宋八卷本。今以《四部叢刊》本爲底本印行，編輯過程中參考了清畢沅的《釋名疏證》，以儘可能方便讀者。之中或有錯誤及不妥之處，希望讀者隨時指正。

中華書局編輯部

二〇一六年一月

目録

釋名序

劉熙字成國撰

熙以爲自古造化制器立象有物以来迄于近代或典禮所制或出自民庶名號雅俗各方名殊聖人於時就而弗改以成其器著於旣往哲夫巧士以爲之名故興於其用而不易其舊所以崇易簡省事功也夫名之於實各有義類百姓日稱而不知其所以之意故撰天地陰陽四時邦國都鄙車服喪紀下及民庶應用之器論叙指歸謂之釋名凡二十七篇至於事類未能究備凡所不載亦欲智者以類求之博物

君子其於荅難解惑王父幼孫朝夕侍問以塞可謂之士聊可省諸

右釋名八卷館閣書目云漢徵士北海劉熙字成國撰推揆事源釋名號致意精微崇文總目云熙即物名以釋義凡二十七目臨安府陳道人書籍鋪刊行

刻釋名序

釋名者小學文字之書也古者文字之書有三焉一體制謂點畫有縱橫曲直之殊若說文字原之類是也二訓詁謂稱謂有古今雅俗之異若爾雅釋名之類是也三音韻謂呼吸有清濁高下之不同若沈約四聲譜及西域反切之文是也三者雖各自名家要之皆小學之書也夫自六經出而爾雅作爾雅作而釋名著是故漢藝文志以爾雅附孝經而經籍志以附論語蓋崇之也漢劉熙所著釋名翼雅者也宜與雅並傳爾雅故有鏤本而釋名久無傳者余按全

晉偶得是書於李僉憲川甫川甫得諸蔡中丞石岡石岡得諸濟南周君秀因託呂太史仲木校正付太原黃守刋布焉然則翼雅之書詎止於是乎郭璞有圖沈璇有注孫炎有音江瓘有贊邢昺有正義張揖有廣雅曹憲有博雅孔鮒有小爾雅劉伯莊有續爾雅楊雄有方言劉霽有釋俗語盧辯有稱謂沈約有俗說張顯有古今訓韋昭有辨釋名凡讀爾雅者皆當參覽其可以小學之書而忽之哉

嘉靖甲申冬十二月既望谷泉儲良材邦掄父撰

重刊釋名後序

漢徵士北海劉熙著釋名二十七篇蓋爾雅之緒也昔者周公申彝倫之道乃制作儀周二禮雅南函頌四時皆發揮於陰陽象器山河草木以及蟲魚鳥獸之物義雖裁諸已文多傅諸古恐來世之不解也其徒作爾雅以訓焉魯哀公欲學小辯以觀政孔子曰觀爾雅以辯言釋名者亦辯言之意乎今夫學者將以爲道也欲爲道而不知義則於道不樂進欲知義而不辯言則於義不可精欲辯言而不正名則於言不能審是故洒掃應對道德性命其致一也夫音以

九土而異聲，以十世而殊山人以爲勤萬藿荅者國人以爲饚蒜韮蔥者也古人以爲基烝介爭者今人以爲始君大至者也故名猶朙也釋猶譯也解也譯而朙之以從義而入道也是書南宋時刻於臨安尋燬不傳今侍御谷泉儲公邦掄得之於嵩山僉憲李公李公得之於中丞石岡蔡公乃命枏校正付絳州守程君鴻刊布焉其意遐乎但爾雅先詁言訓親而後動植近取諸身斯遠取諸物也釋名以天地山水爲先則瀕乎玩物矣故魏張揖采蒼雅作廣雅辭類雖衍猶爲存爾雅之舊乎

嘉靖三年冬十月乙卯高陵呂柟序

釋名今無刊本茲所校者又專本無副正過亦八十餘字皆以意揆諸義者故義若可告即爲定改求而不得仍存其舊序中可謂二字釋國篇譚首之譚一字釋姿容篇邊自二字釋言篇說曰二字操功之功一字曾疑爲切字矐畜之矐一字釋疾篇匞一二字凡十一字皆闕未改俟有他本及知釋名者柟又識

釋名目録

天　蒼天　昊天　旻天　上天

釋名卷第一

劉熙字成國撰

釋天第一

天、豫、司、兗、冀以舌腹言之、天、顯也、在上高顯也。青、徐以舌頭言之、天、坦也、坦然高而遠也。春曰蒼天、陽氣始發、色蒼蒼也。夏曰昊天、其氣布散皓皓也。秋曰旻天、旻、閔也、物就枯落可閔傷也。冬曰上天、其氣上騰

乾　玄　日　月　光　景　晷　曜　星　宿　氣　風　陰　陽　寒

與地絕也。故月令曰、天氣上騰、地氣下降。易謂之乾。乾、健也、健行不息也。又謂之玄。玄、懸也、如懸物在上也。

日、實也、光明盛實也。

月、缺也、滿則缺也。

光、晃也、晃晃然也。亦言廣也、所照廣遠也。

景、境也、明所照處有境限也。

晷、規也、如規畫也。

曜、耀也、光明照耀也。

星、散也、列位布散也。

宿、宿也、星各止宿其處也。

氣、餼也、餼然有聲而無形也。

風、兗豫司冀橫口合脣言之、風、氾也、其氣博氾而動物也。青徐言風、踧口開脣推氣言之、風、放也、氣放散也。

陰、蔭也、氣在內奧蔭也。

陽、揚也、氣在外發揚也。

寒、

暑熱　雨春　夏秋　冬四時　年　歲載　祀五行　金　木水火　土

捍也、捍格也。暑、煮也、熱、如煮物也。熱、爇也、如火所燒爇也。雨、羽也、如鳥羽動則散也。春、蠢也、動而生也。夏、假也、寬假萬物使生長也。秋、緧也、緧迫品物使時成也。冬、終也、物終成也。四時、四方各一時。時、期也、物之生死各應節期而止也。年、進也、進而前也。歲、越也、越故限也。唐虞曰載、載生物也。殷曰祀、祀、已也、新氣升故氣已也。五行者、五氣也、於其方各施行也。金、禁也、其氣剛嚴能禁制也。木、冒也、華葉自覆冒也。水、準也、準平物也。火、化也、消化物也、亦言毀也、物入中皆毀壞也。土、吐

子 丑 寅 卯 辰 巳 午 未 申 酉

也、能吐生萬物也。子、孳也、陽氣始萌、孳生於、下也。於、易爲坎。坎、險也。丑、紐也、寒氣自屈紐也。於、易爲艮。艮、限也。時未可聽物生、限止之也。寅、演也、演生物也。卯、冒也、載冒土而出也。於、易爲震。二月之時、雷始震也。辰、伸也、物皆伸舒而出也。巳、已也、陽氣畢布已也。於、易爲巽。巽、散也、物皆生布散也。午、仵也、陰氣從下上、與陽相仵逆也。於、易爲離。離、麗也、物皆附麗陽氣以茂也。未、昧也、日中則昃、向幽昧也。申、身也、物皆成其身體、各申束之使備成也。酉、秀也、秀者物皆成也。於、易爲兑。兑、悦也、物得備足、

戌　亥　甲乙　丙　丁戊　己庚　辛壬　癸　霜露　雪霰

皆喜悅也。戌、恤也、物當收斂矜恤之也。亦言脫也、落也。亥、核也、收藏百物、核取其好惡眞僞也。亦言物成皆堅核也。甲、孚也、萬物解孚甲而生也。乙、軋也、自抽軋而出也。丙、炳也、物生炳然、皆著見也。丁、壯也、物體皆丁壯也。戊、茂也、物皆茂盛也。己、紀也、皆有定形可紀識也。庚、猶更也、庚、堅强貌也。辛、新也、物初新者皆收成也。壬、妊也、陰陽交物懷妊也、至子而萌也。癸、揆也、揆度而生、乃出之也。霜、喪也、其氣慘毒、物皆喪也。露、慮也、覆慮物也。雪、綏也、水下遇寒氣而凝、綏綏然也。霰、星也、

霢霂 雲 雷 電 震 辟歷 雹 虹 蝃蝀 升朝 美人

水雪相摶、如星而散也。 霢霂、小雨也、言裁霢歷霑漬、如人沐頭、惟及其上枝而根不濡也。 雲猶云云、衆盛意也。又言運也。運、行也。 雷、硍也、如轉物有所硍雷之聲也。 電、殄也、乍見則殄滅也。 震、戰也、所擊輒破、若攻戰也。又曰辟歷。辟、折也、所歷皆破折也。 雹、砲也、其所中物皆摧折、如人所盛咆也。 虹、攻也、純陽攻陰氣也。又曰蝃蝀、其見每於日在西而見於東、掇飲東方之水氣也。見於西方曰升朝、日始升而出見也。又曰美人。陰陽不和、婚姻錯亂、淫風流行、男美於女、女美於男、恒相奔隨之時、則此氣盛、故以

霓　暈　曀　霾　珥　食　晦　朔　弦　望　昏

其盛時名之也。霓、齧也、其體斷絕、見於非時、此災氣也、傷害於物、如有所食齧也。暈捲也、氣在外捲結之也、日月俱然。陰而風曰曀。曀翳也、言掩翳日光使不明也。風而雨土曰霾。霾晦也、言如物塵晦之色也。珥氣在日兩旁之名也。珥耳也、言似人耳之在面旁也。日月虧曰食。稍稍侵虧、如蟲食草木葉也。晦灰也、火死爲灰、月光盡似之也。朔蘇也、月死復蘇生也。弦月半之名也、其形一旁曲一旁直、若張弓施弦也。望月滿之名也、月大十六日、小十五日、日在東、月在西、遙相望也。昏損也、陽精損

晨　祲

滅也。晨、伸也、旦而日光復伸見也。祲、侵也、赤黑

氛

之氣相侵也。氛、粉也、潤氣著草木、因寒凍凝色白

霧　蒙

若粉之形也。霧、冒也、氣蒙亂覆冒物也。蒙、日光不

彗星　孛星

明蒙蒙然也。彗星、光梢似彗也。孛（補沒反）星、星旁氣

筆星　流星

孛孛然也。筆星、星氣有一枝末鋭似筆也。流星、

枉矢

星轉行如流水也。枉矢、齊魯謂光景爲枉矢、言其

光行若射矢之所至也、亦言其氣枉暴有所灾害也。

厲　疫

厲、疾氣也、中人如磨厲傷物也。疫、役也、言有鬼

札　灾

行疫也。札、截也、氣傷人如有斷截也。灾、裁也、火

害

所燒滅之餘曰裁、言其於物如是也。害、割也、如割

異眚

慝妖孽

削物也。異者、異於常也。眚、㾓也、如病者㾓瘦也。慝、態也、有姦態也。妖、殀也、殀害物也。孽、孽也、遇之如物見髡孽也。

釋地第二

地

地者、底也、其體底下載萬物也。亦言諦也、五土所生莫不信諦也。

坤土

易謂之坤。坤、順也、上順乾也。土、吐也、吐生萬物也。

田

已耕者曰田。田、塡也、五稼塡滿其中也。

壤原

壤、瀼也、肥濡意也。廣平曰原。原、元也、如元氣廣大也。

陸

高平曰陸。陸、漉也、水流漉而去也。

衍隰

下平曰衍、言漫衍也。下溼曰隰。隰、蟄也、蟄溼意也。下

澤鹵 而有水曰澤、言潤澤也。地不生物曰鹵。鹵、爐也、如

青黃赤白黑 爐火處也。徐州貢土五色、有青、黃、赤、白、黑也。土

黎埴 青曰黎、似黎草色也。土黃而細密曰埴。埴、膩也、黏

鼠肝 朊如脂之膩也。土赤曰鼠肝、似鼠肝色也。土白

漂盧 曰漂。漂、輕飛散也。土黑曰盧、盧然鮮散也。

釋山第三

山阜 山、產也、產生物也。土山曰阜。阜、厚也、言高厚也。大阜

陵冢 曰陵。陵、隆也、體高隆也。山頂曰冢。冢、腫也、言腫起

陂岡 也。山旁曰陂、言陂陁也。山脊曰岡。岡、亢也、在上之

涌 言也。山旁隴間曰涌。涌、猶桶、桶狹而長也。山大

嵩岑　嶠　甗　磝　礐　岵　屺埒　岨崔嵬　朝陽夕陽　甽

而高曰嵩。嵩、竦也、亦高稱也。山小高曰岑。岑、嶃也、嶃然也。上鋭而長曰嶠、形似橋也。小山別大山曰甗（音彥）。甗、甑也。甑一孔者、甗形孤出處似之也。山多小石曰磝。磝、堯也、每石堯堯獨處而出見也。山多大石曰礐。礐、學也、大石之形學學形也。山有草木曰岵。岵、怙也、人所怙取以為事用也。山無草木曰屺。屺、圮也、無所出生也。山上有水曰埒。埒、脫也、脫而下流也。石載土曰岨。岨、臚然也。土載石曰崔嵬、因形名之也。山東曰朝陽、山西曰夕陽、隨日所照而名之也。山下根之受霤處曰甽。甽、吮也、吮得

林　山之肥潤也。山中叢木曰林。林、森也。森森然也。

麓　山足曰麓。麓、陸也。言水流順陸燥也。

石　山體曰石。石、格也。堅捍格也。

礫　小石曰礫。礫、料也。小石相枝柱、其間料料然出內氣也。

釋水第四

四瀆　天下大水四、謂之四瀆。江、河、淮、濟是也。

瀆　瀆、獨也。各獨出其所而入海也。

江　江、公也。小水流入其中、公共也。

淮　淮、圍也。圍繞揚州北界、東至海也。

河　河、下也。隨地下處而通流也。

濟　濟、濟也。源出河北、濟河而南也。

川　川、穿也。穿地而流也。

澗　山夾水曰澗。澗、間也。言在

濫泉　两山之間也。水正出曰濫泉。濫、銜也、如人口有所

沃泉　銜、口闔則見也。懸出曰沃泉。水從上下、有所灌沃

氿泉　也。側出曰氿泉。氿、軌也、流狹而長如車軌也。所

淝泉　出同所歸異曰淝泉。本同出時所浸潤少、所歸各枝

雍沛　散而多似淝者也。水從河出曰雍沛、言在河岸限

涌泉　瀆泉　内、時見雍出則沛然也。水上出曰涌泉。瀆泉並是

掌　也。水決出所爲澤曰掌。水停處如手掌中也。今兖

氾　州人謂澤曰掌也。水決復入爲氾。氾、已也、如出有

瀾　所爲畢已而還入也。風吹水波成文曰瀾。瀾、連也、

淪　波體轉流相及連也。水小波曰淪。淪、倫也、小文相

涇 湄 海 溝 澮 洲 渚 沚 泜 潏 島

次有倫理也。水直波曰涇。涇，徑也，言如道徑也。水草交曰湄。湄，眉也，臨水如眉臨目也，水經川歸之處也。海，晦也，主承穢濁，其水黑如晦也。水注谷曰溝，田間之水亦曰溝。溝，搆也，縱橫相交搆也。注溝曰澮。澮，會也，小溝之所聚會也。水中可居者曰洲。洲，聚也，人及鳥物所聚息之處也。小洲曰渚。渚，遮也，體高能遮水，使從旁迴也。小渚曰沚。沚，止也，小可以止息其上也。小沚曰泜。泜，遲也，能遏水使流遲也。人所爲之曰潏。潏，術也，堰使水鬱術也，魚梁水碓之謂也。海中可居者曰島。島，到也，人所奔

頓丘　陶丘　崑崙丘　髦丘　宛丘　阿丘　畝丘　圜丘　方丘　融丘　乘丘

到也。亦言鳥也、物所赴、如鳥之下也。

釋丘第五

丘一成曰頓丘、一頓而成、無上下大小之殺也。再成曰陶丘、於高山上一重作之、如陶竈然也。三成曰崑崙丘、如崑崙之高而積重也。前高曰髦丘、如馬舉頭垂髦也。中央下曰宛丘、有丘宛宛如偃器也。涇上有一泉水亦是也。偏高曰阿丘。阿、荷也。如人擔荷物、一邊偏高也。畝丘、丘體滿一畝之地也。圜丘、方丘、就其方圜名之也。銳上曰融丘。融、明也。明、陽也。凡上銳皆高而近陽者也。如乘曰乘丘。

陼丘　泥丘　都丘　梧丘　畫丘　載丘　昌丘　阯丘　阻丘　沚丘　營丘　陽丘

四馬曰乘。一基在後，似車；四列在前，似駕馬車之形也。

如陼之與反者曰陼丘，形似水中之高地，隆高而廣也。

水潦所止曰泥丘，其止汙水留不去成泥也。

澤中有丘曰都丘，言蟲鳥往所都聚也。

當途曰梧丘。梧，忤也，與人相當忤也。

道出其右曰畫丘，人尚右，凡有指畫皆用右也。

道出其前曰載丘，在前故載也。

道出其後曰昌丘。

水出其前曰阯丘，阯，基阯也，言所出然。

水出其後曰阻丘，此水以爲險也。

水出其右曰沚丘，沚，止也，西方義氣有所制止也。

水出其左曰營丘。

丘高曰陽丘，體高近陽也。

宗丘　道路　路　岐旁　劇旁　衢　康　莊　劇驂

宗丘、邑中所宗也。

釋道第六

道、一達曰道路。道、蹈也。路、露也、人所踐蹈而露見也。二達曰岐旁。物兩爲岐、在邊曰旁。此道並通出似之也。三達曰劇旁。古者列樹以表道、道有夾溝、以通水潦。恒見修治、此道旁轉多用功、稍劇也。四達曰衢。齊魯謂四齒杷爲欋、欋杷地則有四處、此道似之也。五達曰康。康、昌也。昌、盛也。車步併列並用之、言充盛也。六達曰莊。莊、裝也。裝其上使高也。七達曰劇驂。驂馬有四耳、今此道有七、比於劇也。

崇期 逵 隊 蹊 徑 亢 涂

八達曰崇期。崇，充也，道多所通，人充滿其上，如共期也。九達曰逵。齊魯謂道多爲逵師，此形然也。城下道曰隊。隊，翱也，都邑之内翱翔祖駕之處也。步所用道曰蹊。蹊，係也，射疾則用之，故還係於正道也。徑，經也，人所經由也。鹿兔之道曰亢。行不由正，亢陌山谷草野而過也。涂，度也，人所由得通度也。

釋名卷第一

釋名卷第二

劉熙字成國撰

釋州國第七

釋形體第八

釋州國第七

青州在東、取物生而青也。州、注也、郡國所注仰也。

徐州、徐、舒也、土氣舒緩也。

揚州、州界多水、水波揚也。

荆州、取名於荆山也。必取荆爲名者、荆、警也。南蠻數爲寇逆、其民有道後服、無道先彊、常警備之也。

豫州、地在九州之中、京師東都所在、常安豫也。

涼州、西方所在寒涼也。

雍州、在四山之内、雍翳也。

并州　幽州　冀州　兗州　司州　益州　營州　燕　宋　鄭　楚

并州曰土無也、其州或并或設、故因以爲名也。

幽州在北、幽昧之地也。　冀州亦取地以爲名也、其地有險有易、帝王所都、亂則冀治、弱則冀彊、荒則冀豐也。　兗州取兗水以爲名也。　司州司隷校尉所主也。　益州益阨也、所在之地險阨也。　古有營州、齊衛之地、於天文屬營室、取其名也。　燕宛也、北方沙漠平廣、此地在涿鹿山南、宛宛然以爲國都也。　宋送也、地接淮泗而東南傾、以爲殷後、若云滓穢所在、送使隨流東入海也。　鄭町也、其地多平、町町然也。　楚辛也、其地蠻多而人性急、數有戰爭、相爭相

周　秦　晉　趙　魯　衛　齊　吳　越

害辛楚之禍也。

周，地在岐山之南，其山四周也。

秦，津也，其地沃衍，有津潤也。

晉，進也，其土在北，有事於中國則進而南也。又取晉水以爲名，其水迅進也。

趙，朝也，本小邑，朝事於大國也。

魯，魯鈍也，國多山水，民性樸魯也。

衛，衛也，既滅殷，立武庚爲殷後，三監以守衛之也。

齊，齊也，地在勃海之南，勃齊之中也。

吳，虞也，太伯讓位而不就，歸封之於此，虞其志也。

越，夷蠻之國也，度越禮義，無所拘也。此十二國，上應列宿，各以其地及於事宜，制此名也。至秦改諸侯，置郡縣，隨其所在山川土形而立其名。漢就

河南 河内 河東 河西 上黨 潁川 汝南 汝陰 東郡 南郡 北海 西海 南海 東海 濟南 濟北 濟陰 南陽

而因之也。河南、在河之南也。河内、河水從岐山而南、從雷首而東、從譚首而北、郡在其内也。河東、在河水東也。河西、在河水西也。上黨、黨、所也、在山上其所最高、故曰上也。潁川、因潁水爲名也。汝南、在汝水南也。汝陰、在汝水陰也。東郡、南郡、皆以京師方面言之也。北海、海在其北也。西海、海在其西也。南海、在海南也、宜言海南、欲同四海名、故言南海。東海、海在其東也。濟南、濟水在其南也。濟北、濟水在其北也、義亦如南海也。濟陰、在濟水之陰也。南陽、在國之南而地陽也。凡若此

邦都 井 邑 丘甸 鄙縣 郡伍 鄰比 里黨 鄉

類郡國之名、取號於此、則其餘可知也、縣邑之名亦如之。大曰邦、邦、封也、封有功於是也。國城曰都、都者、國君所居、人所都會也。周制、九夫爲井、其制似井字也。四井爲邑、邑、猶悒也、邑人聚會之稱也。四邑爲丘、丘、聚也。四丘爲甸、甸、乘也、出兵車一乘也。

鄙、否也、小邑不能遠通也。縣、懸也、懸係於郡也。

郡、群也、人所群聚也。五家爲伍、以五爲名也、又謂之鄰、鄰、連也、相接連也、又曰比、相親比也。五鄰爲里、居方一里之中也。五百家爲黨、黨、長也、一聚之所尊長也。萬二千五百家爲鄉、鄉、向也、衆所向

人體
軀
形身
毛
皮膚
肌骨胑
肉筋
膜血

也。

釋形體第八

人、仁也、仁生物也、故易曰、立人之道曰仁與義。體、第也、骨肉毛血表裏大小相次第也。軀、區也、是衆名之大揔、若區域也。形、有形象之異也。身、伸也、可屈伸也。毛、貌也、冒也、在表所以別形貌、且以自覆冒也。皮、被也、被覆體也。膚、布也、布在表也。肌、懻也、膚幕堅懻也。骨、滑也、骨堅而滑也。胑、枝也、似水之枝格也。肉、柔也。筋、力也、肉中之力、氣之元也、靳固於身形也。膜、幕也、幕絡一體也。血、

膿汁　津汋　汗髓　髮鬢（囟）　髦眉頭　首面額　角　頞目眼　睫　瞳子

濊也、出於肉、流而濊濊也。膿、醲也、汁醲厚也。汁、涕也、涕涕而出也。津、進也、汁進出也。汋、澤也、有潤澤也。汗、涆也、出在於表、涆涆然也。髓、遺也、遺、瀢也。髮、拔也、拔擢而出也。鬢、峻也、所生高峻也。髦、冒也、覆冒頭頸也。眉、媚也、有嫵媚也。頭、獨也、於體高而獨也。首、始也。面、漫也。額、鄂也、有垠鄂也、故幽州人則謂之鄂也。角者、生於額角也。頞、鞍也、偃折如鞍也。目、默也、默而內識也。眼、限也、瞳子限限而出也。睫、插接也、插於眼眶而相接也。瞳子、瞳、重也、膚幕相裹重也。子、小稱也、主謂

眸子　鼻　口　頰　舌　齒　頤　牙　輔車　牙車　頷　頰車　鼸車　耳　脣

其精明者也。或曰眸子。眸、冒也、相裹冒也。鼻、嘒也、出氣嘒嘒也。口、空也。頰、夾也、兩旁稱也。亦取挾斂食物也。舌、泄也、舒泄所當言也。齒、始也、少長之別始乎此也。以齒食多者長也、食少者幼也。頤、養也、動於下、止於上、上下咀物以養人也。牙、樝牙也、隨形言之也。輔車、其骨強、所以輔持口也。或曰牙車、牙所載也。或曰頷、頷、含也。口含物之車也。或曰頰車、亦所以載物也。或曰鼸車、鼸鼠之食積於頰、人食似之、故取名也。凡繫於車皆取在下載上物也。耳、耏也、耳有一體屬著兩邊、耏耏然也。脣、緣也、口

吻　舌　立人　髭　承漿　鬚　髯　鬢　距　項　頸　咽　䐈

之緣也。　吻、免也、入之則碎、出則免也。又取抆也、漱
唾所出、恒加抆拭、因以爲名也。(二)　舌、卷也、可以卷制
食物使不落也。　鼻下曰立人、取立於鼻下、狹而長
似人立也。　口上曰髭、髭、姿也、爲姿容之美也。　口
下曰承漿、漿、水也。　頤下曰鬚、鬚、秀也、物成乃秀、人
成而鬚生也、亦取須、體幹長而後生也。　在頰耳旁
曰髯、隨口動搖髯髯然也。　其上連髮曰鬢、鬢、濱也、
濱、崖也、爲面額之崖岸也。　鬢曲頭曰距、距、拒也、言
其曲似拒也。　項、确也、堅确受枕之處也。　頸、俓也、
俓挺而長也。　咽、咽物也。　䐈、在頤纓理之中也、青

脰嗌　胡　胷臆　膺腹　心　肝　肺　脾腎　胃　腸臍

徐謂之脰、物投其中、受而下之也。又謂之嗌、氣所流
通阨要之處也。　胡、互也、在咽下垂、能歛互物也。
胷、猶啌也、啌氣所衝也。　臆、猶抑也、抑氣所塞也。
膺、壅也、氣所壅塞也。　腹、複也、富也。腸胃之屬、以自
裹盛、復於外複之、其中、多品似富者也。　心、纖也、所
識纖微無物不貫心也。　肝、幹也、五行屬木、故其體
狀有枝幹也。凡物以大爲幹也。　肺、勃也、言其氣勃
鬱也。　脾、裨也、在胃下、裨助胃氣、主化穀也。　腎、引
也。腎屬水、主引水氣、灌注諸脉也。　胃、圍也、圍受食
物也。　腸、暢也、通暢胃氣、去滓穢也。　臍、劑也、腸端

胞　膀胱　水腹 少腹　陰 脅　肋 膈　腋 肩　甲 臂　肘 腕　掌 手 節　爪 背

之所限劑也。胞、靤也。靤、空虛之言也、主以虛承水汋也。或曰膀胱、言其體短而横廣也。自臍以下曰水腹、水汋所聚也。又曰少腹。少、小也、比於臍以上爲小也。陰、蔭也、言所在蔭翳也。脅、挾也、在兩旁臂所挾也。肋、勒也、檢勒五臟也。膈、塞也、塞上下使氣與穀不相亂也。腋、繹也、言可張翕尋繹也。肩、堅也。甲、闔也、與胷脅皆相會闔也。臂、裨也、在旁曰裨也。肘、注也、可隱注也。腕、宛也、言可宛屈也。掌、言可以排掌也。手、須也、事業之所須也。節、有限節也。爪、紹也、筋極爲爪、紹續指端也。背、倍

脊尾 要 髖臀 尻 髀股 膝脚 脛膞 蹁 足趾 蹄踝

也在後稱也。 脊、積也、積續骨節終上下也。 尾、微也、承脊之末稍微殺也。 要、約也、在體之中約結而小也。 髖、緩也、其腋皮厚而緩也。 臀、殿也、高厚有殿遻也。 尻、廖也、尻所在寥牢深也。[二] 樞機也、要髀股動搖如樞機也。 髀、卑也、在下稱也。 股、固也、爲强固也。 膝、伸也、可屈伸也。 脚、却也、以其坐時却在後也。 脛、莖也、直而長似物莖也。 膝頭曰膞。膞、團也、因形團圜而名之也。 或曰蹁、蹁、扁也、亦因形而名之也。 足、續也、言續脛也。 趾、止也、言行一進一止也。 蹄、底也、[三] 足底也。 踝、确也、居足兩旁磽确

跟　踵

然也。亦因其形踝踝然也。足後曰跟，在下旁著地，一體任之，象木根也。踵，鍾也。鍾，聚也，上體之所鍾聚也。

姿容　妍蚩　行　步趨　走

釋名卷第三

劉熙字成國撰

釋姿容第九

姿，資也。資，取也。形貌之禀，取爲資本也。容，用也，合事宜之用也。妍，研也。研精於事宜，則無蚩謬也。蚩，癡也。兩脚進曰行。行，抗也，抗足而前也。徐行曰步。步，捕也，如有所伺捕，務安詳也。疾行曰趨。趨，赴也，赴所至也。疾趨曰走。走，奏也，促有所奏至也。

奔仆　超跳　立騎　乘載　檐負　駐坐　伏偃僵側據　企竦　視聽　觀望

奔、變也、有急變奔赴之也。　仆、踣也、頓踣而前也。

超、卓也、舉脚有所卓越也。　跳、條也、如草木枝條務上行也。

立、林也、如林木森然各駐其所也。　騎、支也、兩脚枝别也。

乘、陞也、登亦如之也。　載、載也〔四〕、在其上也。

檐、任也、任力所勝也。　負、背也、置項背也。

駐、株也、如株木不動也。　坐、挫也、骨節挫屈也。

伏、覆也。偃、安也。　僵、正直畺然也。　側、逼也。　據、居也。

企、啓開也、目延竦之時、諸機樞皆開張也。　竦、從也、體皮皆從引也。

視、是也、察是非也。　聽、靜也、靜然後所聞審也。

觀、翰也、望之延頸翰翰也。　望、

跪　跽拜　攀掣　牽引掬　撮攎　捉執　拈挾　蹋批　搏

茫也、遠視茫茫也。　跪、危也、兩膝隱地、體危倪也。

跽、忌也、見所敬忌不敢自安也。　拜、於文、夫爲跌、跌然屈折下就地也。於婦人爲扶、自抽扶而上下也。

攀、翻也、連翻上及言也。　掣、制也、制頓之使順已也。

牽、弦也、使弦急也。　引、演也、〔五〕徒演廣也。　掬、局也、使相局近也。

撮、捽也、暫捽取之也。　攎、叉也、五指俱往也。

捉、〔六〕捉也、使相促及也。　執、攝也、使畏攝已也。

拈、黏也、兩指翕之黏著不放也。　挾、鐵也、其處皮薰黑色如鐵也。

蹋、〔七〕蹋也、榻著地也。　批、裨也、兩相裨助共擊之也。

搏、博也、四指廣博亦似擊之也。

挾捧　懷　抱戴提　挈　持操　攬擁撫　拍摩挲　蹙踐　踖履　蹈跐

挾、夾也、在旁也。捧、逢也、兩手相逢以執之也。
懷、回也、本有去意、回來就己也。亦言歸也、來歸己也。
抱、保也、相親保也。戴、載也、載之於頭也。提、地
也、臂垂所持近地也。挈、結也、結束也、束持之也。
持、跱也、跱之於手中也。操、抄也、手出其下之言也。
攬、斂也、斂置手中也。擁、翁也、翁撫之也。撫、敷
也、敷手以拍之也。拍、搏也、手搏其上也。摩娑、猶
末殺也、手上下之言也。蹙〔八〕、遵也、遵迫之也。踐、殘
也、使殘壞也。踖、藉也、以足藉也。履、以足履之、因
以名之也。蹈、道也、以足踐之、如道路也。跐、弭也、

躡　匍匐　偃　蹇　望佯　沐　卦賣　倚簁　窶數

足踐之使弭服也。躡、懾也、登其上使懾服也。匍匐、小兒時也、匍、猶捕也、藉索可執取之言也。匐、伏也、伏地行也。人雖長大、及其求事盡力之勤、猶亦稱之。詩曰、凡民有喪、匍匐救之、是也。偃、蹇也。偃、息而臥、不執事也。蹇、跛蹇也、病不能作事、今託病似此而不宜執事役也。望佯、佯、陽也、言陽氣在上、舉頭高似若望之然也。沐、禿也、沐者髮下垂、禿者無髮、皆無上貌之稱也。卦賣、卦、掛也、自掛於市而自賣邊、自可無慙色、言此似之也。倚簁、倚、伎也、簁、作清簁也、言人多技巧、尚輕細如簁也。窶數、猶局縮、皆小

齧掣　衇摘　貸騃　臥　寐　寢　眠　覺　寤　欠　嚏　笑

意也。齧掣、掣、卷掣也。齧、噬齧也、語說卷掣與人相持齧也。衇摘、猶譎摘也、如醫別人衇知疾之意見事者之稱也。〔九〕貸騃者、貸言以物貸予、騃者言必弃之不復得也、不相量事者之稱也。此皆見於形貌者也。臥、化也、精氣變化、不與覺時同也。寐、謐也、靜謐無聲也。寢、權假臥之名也。寢、侵也、侵損事功也。眠、泯也、無知泯泯也。覺、告也。寤、忤也、能與物相接忤也。欠、欽也、開張其口聲脣欽欽也。嚏、踕也、聲作踕而出也。笑、鈔也、頰皮上鈔者也。

釋長幼第十

嬰兒　嫛婗　男女　婼　孺悼　齔長　幼童

人始生曰嬰兒。胷前曰嬰，抱之嬰前，乳養之也。或曰嫛婗。嫛，是也，言是人也。婗，其啼聲也。故因以名之也。

男，任也，典任事也。　女，如也，婦人外成如人也。故三從之義，少如父教，嫁如夫命，老如子言。青徐州曰婼。婼，忤也，始生時人意不喜，忤忤然也。　兒始能行曰孺。孺，濡也，言濡弱也。　七年曰悼。悼，逃也，知有廉恥，隱逃其情也。亦言是時而死，可傷悼也。　毀齒曰齔。齔，洗也，毀洗故齒，更生新也。　長丁丈反。萇也，言體萇也。　幼，少也，言生日少也。　十五曰童。故禮有陽童。牛羊之無角者曰童，山無草木曰童，言未巾冠似之

弱
也。女子之未笄者亦稱之也。二十曰弱，言柔弱也。

壯 强
三十曰壯，言丁壯也。四十曰强，言堅强也。五

艾
十曰艾，艾，治也，治事能斷割芟刈，無所疑也。六十

耆 耄
曰耆，耆，指也，不從力役，指事使人也。七十曰耄，頭

耋
髮白耄耄然也。八十曰耋，耋，鐵也，皮膚變黑色如

鮐背 黄耇
鐵也。九十曰鮐背，背有鮐文也。或曰黄耇，鬢髮變

胡耇
黄也。耇，垢也，皮色驪悴，恒如有垢者也。或曰胡耇，咽

凍梨
皮如雞胡也。或曰凍梨，皮有斑黑如凍梨色也。或曰

齯齯
齯齯，大齒落盡，更生細者，如小兒齒也。百年曰期

期頤
頤。頤，養也。老昏不復知服味善惡，孝子期於盡養道

老仙

而已也。老、朽也。老而不死曰仙。仙、遷也、遷入山也、故其制字人旁作山也。

釋親屬第十一

親屬　父　母　祖　王父　王母　曾祖　高祖　兄　弟　子　孫　曾孫

親、襯也、言相隱襯也。屬、續也、恩相連續也。父、甫也、始生已也。母、冒也、含生己也。祖、祚也、祚物先也。又謂之王父。王、暀也、家中所歸暀也。王母亦如之。曾祖、從下推上、祖位轉增益也。高祖、高、皋也、最在上、皋韜諸下也。兄、荒也、荒、大也、故青徐人謂兄爲荒也。弟、弟也、相次第而上也。子、孳也、相生蕃孳也。孫、遜也、遜遁在後生也。曾孫、義如曾祖也。

玄孫　來孫　昆孫　仍孫　雲孫　世父　伯父　仲父　叔父　季父　從祖父母

玄孫、玄、懸也、上懸於高祖、最在下也。　玄孫之子曰来孫、此在無服之外、其意疏遠、呼之乃来也。　来孫之子曰昆孫。昆、貫也、恩情轉遠、以禮貫連之耳。昆孫之子曰仍孫、以禮仍有之耳、恩意實遠也。　仍孫之子曰雲孫、言去已遠、如浮雲也。皆爲早娶、晩死、壽考者言也。　父之兄曰世父、言爲嫡統繼世也。又曰伯父。伯、把也、把持家政也。　父之弟曰仲父、仲、中也、位在中也。　仲父之弟曰叔父。叔、少也。　叔之弟曰季父。季、癸也、甲乙之次、癸最在下、季亦然也。　父之世叔父母曰從祖父母、言從己親祖別而下也。亦言隨從己祖以爲名也。

姑

父之姊妹曰姑、姑、故也、言於己爲久、故之人也。

姊

姊、積也、猶日始出、積時多而明也。

妹

妹、昧也、猶日始入、歷時少尚昧也。

姪

姑謂兄弟之女爲姪。姪、迭也、共行事夫、更迭進御也。

舅姑

夫之父曰舅。舅、久也。久、老稱也。夫之母曰姑、亦言故也。

舅

母之兄弟曰舅、亦如之也。

外舅

妻之父曰外舅、母曰外姑、

外姑

外姑、言妻從外來、謂至己家爲婦、故反以此義稱之、夫妻匹敵之義也。

外甥

妻之昆弟曰外甥、其姊妹女也、來歸己內爲妻、故其男爲外甥之甥。甥者、生也、他姓子本生於外、不得如其女來在己內也。

姊妹之子

出離孫

曰出、出嫁於異姓而生之也。出之子曰離孫、言遠離己也。

歸孫

姪之子曰歸孫、婦人謂嫁曰歸、姪子列、故其所生爲孫也。

娣

妻之姊妹曰娣[一〇]。娣、弟也、言與己妻相長弟也。

姨　從母

母之姊妹曰姨、亦如之。禮謂之從母、爲娣而來、則從母列也、故雖不來、猶以此名之也。

私

姊妹互相謂夫曰私、言於其夫兄弟之中、此人與己姊妹有恩私也。

甥

舅謂姊妹之子曰甥。甥亦生也、出配他男而生、故其制字男旁作生也。

女君

妾謂夫人之嫡妻曰女君。夫爲男君、故名其妻曰女君也。

嫂

嫂、叟也、叟、老者稱也。叟、縮也、人及物老皆縮小於舊也。

叔

叔、

公 兄章 兄忪 章忪 姒娣 先後 稙長 熟 亞

少也。幼者稱也。叔亦俶也、見嫂俶然却退也。 夫之兄曰公。公、君也。君、尊稱也。〔三〕 俗間曰兄章。章、灼也、章灼、敬奉之也。又曰兄忪。忪是己所敬見、之怔忪、自肅齊也。俗或謂舅曰章、又曰忪、亦如之也。 少婦謂長婦曰姒、言其先來、己所當法似也。 長婦謂少婦曰娣。娣、弟也、己後來也。或曰先後、以來先後言之也。 青徐人謂長婦曰稙長。禾苗先生者曰稙、取名於此也。荆豫人謂長婦曰熟。熟、祝也。祝、始也。 兩婿相謂曰亞、言一人取姊、一人取妹、相亞次也。又並來至女氏門、姊夫在前、妹夫在後、亦相亞而相倚、共成其禮也。

友婿婚　姻　后　夫人　内子　命婦　妻　嬪　妾媵　配匹

又曰友婿、言相親友也。婦之父曰婚、言婿親迎用昏、又恒以昏夜成禮也。婿之父曰姻。姻、因也、女往因媒也。天子之妃曰后。后、後也、言在後不敢以副言也。諸侯之妃曰夫人。夫、扶也、扶助其君也。卿之妃曰内子。子、女子也、在閨門之内治家也。大夫之妃曰命婦。婦、服也、服家事也、夫受命於朝、妻受命於家也。士庶人曰妻。妻、齊也。夫賤不足以尊稱、故齊等言也。天子妾有嬪。嬪、賓也、諸妾之中見賓敬也。妾、接也。以賤見接幸也。姪娣曰媵。媵、承事嫡也。配、輩也。一人獨處、一人往輩耦之也。匹、辟也、往

嫡　庶　鰥　寡　孤　獨

相辟耦也。耦、遇也、二人相對遇也。　嫡、敵也、與匹相敵也。庶、摭也、拾摭之也、謂拾摭微陋待遇之也。無妻曰鰥。鰥、昆也、昆、明也、愁悒不寐、目恒鰥鰥然也、故其字從魚、魚目恒不閉者也。　無夫曰寡。寡、踝也、踝踝、單獨之言也。　無父曰孤。孤、顧也、顧望無所瞻見也。　老而無子曰獨。獨、隻獨也、言無所依也。

道德文　武　仁　義禮

釋名卷第四

劉熙字成國撰

釋言語第十二

道、導也、所以通導萬物也。　德、得也、得事宜也。　文者、會集衆綵以成錦繡、會集衆字以成辭義、如文繡然也。　武、舞也、征伐動行、如物鼓舞也、故樂記曰、發揚蹈厲、太公之志也。　仁、忍也、好生惡殺、善含忍也。　義、宜也、裁制事物、使合宜也。　禮、體也、得事體也。

智、知也、無所不知也。信、申也、言以相申束、使不相違也。孝、好也、愛好父母、如所悦好也、孝經説曰、孝、畜也、畜養也。慈、字也、字愛物也。友、有也、相保有也。恭、拱也、自拱持也。亦言供給事人也。悌、弟也。敬、警也、恒自肅警也。慢、漫也、漫漫心無所限忌也。通、洞也、無所不貫洞也。達、徹也。敏、閔也、進叙無否滯之言也、故汝頴言敏曰閔也。篤、築也。築、堅實稱也。厚、後也、有終後也、故青徐人言厚曰後也。薄、迫也、單薄相逼迫也。懿、僾也、言奥僾也。良、量也、量力而動、不敢越限也。言、宣也、宣彼此

語說 序抴 發撥導 演頌 讚銘 勒紀 識視 是非 基業 事

之意也。語、敘也、敘已所欲說也。說、述也、序述之也。序、杼也、拽杼其實也。抴、泄也、發泄出之也。發、撥也、撥使開也。撥、播也、播使移散也。導、陶也、陶演己意也。演、延也、言蔓延而廣也。頌、容也、序說其成功之形容也。讚、録也、省録之也。銘、名也、記名其功也。勒、刻也、刻識之也。紀、記也、紀識之也。識、幟也、有章幟可按視也。視、是也、察其是非也。是、嗜也、人嗜樂之也。非、排也、人所惡排去也。基、據也、在下物所依據也。業、捷也、事捷乃有功業也。事、偉也、偉立也、凡所立之功也、故青徐言立曰

功取名

偉也。功、攻也、攻治之乃成也。取、趣也。名、明也、

號

名實事使分明也。號、呼也、以其善惡呼名之也。

善惡好

善、演也、演盡物理也。惡、扼也、扼困物也。好、巧也、

醜

如巧者之造物無不皆善人好之也。醜、臭也、如臭

遲疾

穢也。遲、頹也、不進之言也。疾、截也、有所越截也。

緩

緩、浣也、斷也、持之不急則動搖浣斷自放縱也。

急巧

急、及也、操功之使相逮及也。巧、考也、考合異類、共

拙燥

成一體也。拙、屈也、使物否屈不爲用也。燥、焦也、

濕彊弱能

濕、浥也。彊、畺也。弱、衄也、言委也。能、該也、

否

無物不兼該也。否、鄙也、鄙劣不能有所堪成也。

躁靜逆　順　清濁　貴　賤榮　辱禍福　進退　羸健　哀樂　委曲蹤

躁，燥也，物燥乃動而飛揚也。靜，整也。逆，遻也，不從其理則生殿遻不順也。順，循也，循其理也。

清，青也，去濁遠穢色如青也。濁，瀆也，汁滓演瀆也。

貴，歸也，物所歸仰也。汝潁言貴聲如歸往之歸也。

賤，踐也，卑下見踐履也。榮，猶熒也，熒熒照明貌也。

辱，衄也，言折衄也。禍，毀也，言毀滅也。福，富也，其中多品如富者也。

進，引也，引而前也。退，墜也。

羸，累也，恒累於人也。健，建也，能有所建爲也。

哀，愛也，愛乃思念之也。樂，樂也，使人好樂之也。

委，萎也，萎蕤就之也。曲，局也，相近局也。蹤，從

跡扶　將縛束　覆蓋　威嚴　政教　侍御　雅　俗艱　難吉凶

也、人形從之也。跡、積也、積累而前也。扶、傅也、傅近之也。將、救護之也。縛、薄也、使相薄著也。束、促也、相促近也。覆、孚也、如孚甲之在物外也。蓋、加也、加物上也。威、畏也、可畏懼也。嚴、儼也、儼然人憚之也。政、正也、下所取正也。教、傚也、下所法傚也。侍、時也、尊者不言、常於時供所當進者也。御、語也、尊者將有所欲、先語之也。亦言職卑、尊者所勤御、如御牛馬然也。雅、雒也、爲之難、人將爲之雒雒然憚之也。俗、欲也、俗人所欲也。艱、根也、如物根也。難、憚也、人所忌憚也。吉、實也、有善實也。凶、

停起　空也、就空亡也。停、定也、定於所在也。起、啓也、啓

翱翔　一舉體也。翱、敖也、言敖遊也。翔、佯也、言仿佯也。

出入候　出、推也、推而前也。入、納也、納使還也。候、護也、

望狡　司護諸事也。望、惘也、視遠惘惘也。狡、交也、與物

夬始　交錯也。夬、決也、有所破壞決裂之於終始也。始、

消息　息也、言滋息也。消、削也、言減削也。息、塞也、塞滿

姦宄　也。姦、奸也、言奸正法也。宄、佹也、佹易常正也。

誰往　誰、相也、有相擇言不能一也。往、暀也、歸暀於彼也、

來　故其言之、於卬頭以指遠也。來、哀也、使來入已哀

麤　之故其言之、低頭以招之也。麤、錯也、相遠之言也。

納（細）疏
密甘
苦安
危成敗亂
治煩
省間
劇貞
淫沈
浮貪
廉潔

納弭也、弭弭兩致之言也。疏、索也、獲索相遠也。
宻、蜜也、如蜜所塗、無不滿也。甘、含也、人所含也。
苦、吐也、人所吐也。安、晏也、晏晏然和喜無動懼也。
危、阢也、阢阢不固之言也。成、盛也。敗、潰也。亂、
渾也。治、值也、物皆值其所也。煩、繁也、物繁則相
雜撓也。省、嗇也、曜嗇約少之言也。間、簡也、事功
簡省也。劇、巨也、事功巨也。貞、定也、精定不動惑
也。淫、浸也、浸淫旁入之言也。沈、澹也、澹然安著
之言也。浮、孚也、孚甲在上稱也。貪、探也、探入他
分也。廉、斂也、自檢斂也。潔、確也、確然不群貌也。

污公私　勇怯　斷絕　罵詈　祝　詛　盟誓　佐助　飾　蕩啜

污、洿也、如洿泥也。公、廣也、可廣施也。私、恤也、所恤念也。勇、踊也、遇敵踊躍欲擊之也。怯、脅也、見敵恐脅也。斷、段也、分爲異段也。絕、截也、如割截也。罵、迫也、以惡言被迫人也。詈、歷也、以惡言相彌歷也。亦言離也、以此掛離之也。祝、屬也、以善惡之詞相屬著也。詛、阻也、使人行事阻限於言也。盟、明也、告其事於神明也。誓、制也、以拘制之也。佐、左也、在左右也。助、乍也、乍往相阻、非長久也。飾、拭也、物穢者拭其上使明、由他物而後明、猶加文於質上也。蕩、盪也、排盪去穢垢也。啜、惙也、心有

嗟　噫　嗚　念　憶　思　克　慮　飲　食　啜　湌

所念、懝然發此聲也。　嗟佐也、言之不足以盡意、故發此聲以自佐也。　噫憶也、憶念之故發此聲憶之也。　嗚舒也、氣憤滿故發此聲以舒寫之也。　念黏也、意相親愛心黏著不能忘也。　憶意也、恒在意中也。　思司也、凡有所司捕必靜思忖亦然也。　克刻也、刻物有定處人所克念有常心也。　慮旅也、旅衆也。易曰、一致百慮、慮及衆物以一定之也。

釋飲食第十三

飲奄也、以口奄而引咽之也。　食殖也、所以自生殖也。　啜絕也、乍啜而絕於口也。　湌乾也、乾入口也。

吮　嗽

吮，循也，不絕口稍引滋汋，循咽而下也。嗽，促也，

含　銜　咀

用口急促也。含，合也，合口停之也。銜亦然也。咀，

嚼　啄

藉也，以藉齒牙也。嚼，削也，稍削也。鳥曰啄，如啄

嚙　餅

物上復下也。獸曰嚙。嚙，齧也，所臨則秃齧也。餅，

胡餅

并也，溲麪使合并也。胡餅，作之大漫沍也，亦言以

蒸餅　湯餅　蝎餅　髓餅　金餅　索餅

胡麻著上也。蒸餅、湯餅、蝎餅、髓餅、金餅、索餅之屬，皆

糝　餌

隨形而名之也。糝，黏也，相黏黏也。餌，而也，相黏

溏浹　餈

而也。兗豫曰溏浹，就形名之也。餈，漬也，烝燥屑

饙　飱

使相潤漬餅之也。饙，分也，衆粒各自分也。飱，散

嗼（羹）　臛

也，投水於中解散也。嗼，汪也，汁汪郎也。臛，蒿也，

糜粥　漿湯　酪韲　葅　䤄醢　醓　瀋臡　豉　麴　蘖鮓

香氣蒿蒿也。糜，煮米使糜爛也。粥，濯於糜，粥粥然也。漿，將也，飲之寒温多少與體相將順也。湯，熱湯湯也。酪，澤也，乳作汁，所使人肥澤也。韲，濟也，與諸味相濟成也。葅，阻也，生釀之，遂使阻於寒温之間，不得爛也。䤄，投也，味相投成也。醢，海也，冥也，封塗使密冥，乃成也。醢多汁者曰醓，醓，瀋也，宋魯人皆謂汁爲瀋。醢有骨者曰臡，如吮反。臡，肥也，骨肉相摶，肥無汁也。豉，嗜也，五味調和，須之而成，乃可甘嗜也，故齊人謂豉，聲如嗜也。麴，朽也，鬱之使生衣朽敗也。蘖，缺也，漬麥覆之，使生牙開缺也。鮓，[四]

腊　脯　脩　膊　膾　炙　脯炙　釜炙　脂　銜炙　貊炙　膾　生脡　血脂

也，以鹽米釀之如葅，熟而食之也。腊，乾昔也。脯，搏也，乾燥相搏著也。又曰脩，脩，縮也，乾燥而縮也。膊，迫也，薄椓肉迫著物使燥也。膾，會也，細切肉令散，分其赤白異切之，已乃會合和之也。炙，炙也，炙於火上也。脯炙，以餳蜜豉汁淹之，脯脯然也。釜炙，於釜汁中和熟之也。脂，銜也。銜炙，細密肉和以薑椒鹽豉，已乃以肉銜裹其表而炙之也。貊炙，全體炙之，各自以刀割，出於胡貊之爲也。膾，細切猪羊馬肉，使如膾也。生脡，以一分膾，二分細切，合和挻攪之也。血脂，以血作之，增其酢豉之味，使苦苦

膏饡[五]
兑 韓羊 韓兔 韓鷄
䐿 脬
分乾
肺䐣 鷄纖
兔纖 餳
飴
哺 酒

以消酒也。消膏而加菹其中、亦以消酒也。生淪葱薤曰兑、言其柔滑兑兑然也。韓羊、韓兔、韓鷄本法出韓國所爲也、猶酒言宜成醪、蒼梧清之屬也。䐿、奧也、藏肉於奧內、稍出用之也。脬、赴也、夏月赴疾作之、久則臭也。分乾、切猪肉以梧分乾其中而和之也。肺䐣、䐣饡也、以米糝之如膏饡也。鷄纖、細擗其腊令纖然、後漬以酢也。兔纖亦如之。餳、洋也、煑米消爛洋洋然也。飴、小弱於餳、形怡怡也。哺、餔也、如餳而濁可餔也。酒、酉也、釀之米麴酉繹、久而味美也。亦言踧也、能否皆彊相踧待飲之也。又

緹齊　盎齊
汎齊　沉齊
醴齊
醳酒　事酒
苦酒　寒粥
干飯
糗　餱
䴵（麩）　柰油
桃濫　柰脯

入口咽之皆蹴其面也。緹齊、色赤如緹也。盎齊、盎滃滃然濁色也。汎齊、浮蟻在上汎汎然也。沉齊、濁滓沉下、汁清在上也。醴齊、醴禮也、釀之一宿而成禮有酒味而已也。醳酒、久釀酉澤也。事酒有事而釀之酒也。苦酒、淳毒甚者酢苦也。寒粥、末稻米投寒水中、育育然也。干飯、飯而暴乾之也。糗、齲也、飯而磨之、使齲碎也。餱、候也、候人饑者以食之也。煮麥曰䴵、䴵亦齲也、煮熟亦齲壞也。柰油、擣柰實和以塗繒上、燥而發之、形似油也。〔六〕柰油亦如之。桃濫、水漬而藏之、其味濫濫然酢也。柰脯、切

鮑魚　蟹胥　蟹虀　桃諸　瓠蓄　青　赤　黃　白　黑　絳　紫

柰暴乾之如脯也。鮑魚、鮑腐也、埋藏奄使腐臭也。蟹胥、取蟹藏之、使骨肉解之胥胥然也。蟹虀去其匡、虀熟擣之、令如虀也。桃諸、藏桃也、諸儲也、藏以爲儲、待給冬月用之也。瓠蓄、皮瓠以爲脯、蓄積以待冬月時用之也。

釋綵帛第十四

青、生也、象物生時色也。赤、赫也、太陽之色也。黃、晃也、猶晃晃象日光色也。白、啓也、如冰啓時色也。黑、晦也、如晦冥時色也。絳、工也、染之難得色、以得色爲工也。紫、疵也、非正色、五色之疵瑕以惑人

紅緗　綠縹　緇　皁　布　

䟽絹　縑　練

者也。紅，絳也，白色之似絳者也。緗，桑也，如桑葉初生之色也。綠，瀏也，荆泉之水，於上視之，瀏然綠色，此似之也。縹猶漂，漂，淺青色也。有碧縹，有天縹，有骨縹，各以其色所象言之也。緇，滓也，泥之黑者曰滓，此色然也。皁，早也，日未出時，早起視物皆黑，此色如之也。布，布也，布列衆縷爲經，以緯横成之也。又太古衣皮，女工之始始於是，施布其法，使民盡用之也。䟽者，言其經緯䟽也。絹，絚也，其絲絚厚而䟽也。縑，兼也，其絲細緻，數兼於布絹也。細緻染縑爲五色，細且緻，不漏水也。練，爛也，煑使委爛也。

素　綈　錦　綺　綾　繡羅纚　疏

素、朴素也、已織則供用、不復加巧飾也。又物不加飾皆自謂之素、此色然也。綈、似蛦蟲之色、綠而澤也。錦、金也、作之用功重於其價如金、故其制字帛與金也。綺、欹也、其文欹邪不順經緯之縱橫也。有杯文、形似杯也、有長命、其綵色相間皆橫終幅、此之謂也。言長命者、服之使人命長、本造意之意也。有棋文者、方文如棋也。綾、淩也、其文望之如冰淩之理也。繡、修也、文修修然也。羅、文疏羅也。纚、簁也、麤、可以簁物也。令辟經絲貫杼中、一間并、一間疏、疏者苓苓然、并者歷辟而密也。紡麤絲織之曰疏、疏、寥

縠　沙縠　繐　紈　蒸栗　紺　緜　綸　絮　紬　絓　幕　牽離

也、寥寥然也。

縠、粟也、其形足足而踧、視之如粟也。又謂沙縠、亦取踧踧如沙也。

繐、齊人謂涼謂惠、言服之輕細涼惠也。

紈、渙也、細澤有光、渙渙然也。

蒸栗、染紺使黄色如蒸栗然也。

紺、含也、青而含赤色也。

緜、猶湎、湎柔而無文也。

綸、倫也、作之有倫理也。

絮、胥也、胥久故解落也。

紬、抽也、抽引絲端出細緒也。又謂之絓、絓、挂也、挂於帳端振舉之也。

繭曰幕也、貧者著衣可以幕絡絮也。或謂之牽離、煑熟爛、牽引使離散、如緜然也。

釋首飾第十五

冠纓 笄冕 袞冕 鷩冕 毳冕 絺冕 章甫 牟追

冠，貫也，所以貫韜髮也。 纓，頸也，自上而繫於頸也。
笄，係也，所以係冠使不墜也。 祭服曰冕。冕，猶俛
也。俛，平直貌也，亦言文也。玄上纁下，前後垂珠，有文
飾也。 有袞冕。袞，卷也，畫卷龍於衣也。 有鷩冕。鷩，
雉之憋惡者，山雞是也。鷩，憋也，性急憋，不可生，服必
自殺，故畫其形於衣，以象人執耿介之節也。 毳冕。
毳，芮也，畫藻文於衣，象水草之毳芮，温暖而潔也。
絺冕。絺，紩也，畫絺紩文綵於衣也。此皆隨衣而名之
也，所垂前後珠轉減耳。 章甫，殷冠名也。甫，丈夫也，
服之所以表章丈夫也。 牟追。牟，冒也，言其形冒髮

收　委貌　弁　爵弁　皮弁　韋弁　纚　總　幘　兑　聅　兑髮　牛心　帽　巾　簪　枝　揥　導

追追然也。　收，夏后氏冠名也，言收斂髮也。　委貌，冠形，又委貌之貌，上小下大也。　弁，如兩手相合抃時也，以爵韋爲之謂之爵弁，以鹿皮爲之謂之皮弁，以韎韋爲之也。[七]　纚，以韜髮者也，以纚爲之，因以爲名。　總，束髮也，總而束之也。　幘，賾也，下齊員賾然也。兑，上下小大，兑兑然也。或曰聅，聅，折其後也。或曰幘，形似幘也。賤者所著曰兑髮，作之裁裹髮也。或曰牛心，形似之也。　帽，冒也。巾，謹也，二十成人，士冠，庶人巾，當自謹修於四教也。　簪，兟也，以兟連冠於髮也。又枝也，因形名之也。　揥，摘也，所以摘髮也。　導，

櫟鬢 鏡 梳 比 刷 鑷 綃頭 陌頭 幓 副 編 髲 髢 步搖 簂

所以導櫟鬢髮、使入巾幘之裏也。或曰櫟鬢、以事名之也。鏡、景也、言有光景也。梳、言其齒踈也。數言比、比於踈、其齒差數也。比、言細相比也。刷、帥也、帥髮長短皆令上從也、亦言瑟也、刷髮令上瑟然也。鑷、攝也、攝取髮也。綃頭、綃鈔也、鈔髮使上從也、或曰陌頭、言其從後橫陌而前也、齊人謂之幓、言幓斂髮使上從也。王后首飾曰副、副、覆也、以覆首、亦言副貳也、兼用衆物成其飾也。編、編髮爲之、次第髮也。髲、被也、髮少者得以被助其髮也。髢、剔也、剔刑人之髮爲之也。步搖、上有垂珠、步則搖也。簂、

頍　幌　華勝　爵釵　瑱　充耳　璫　脂　粉　胡粉　黛

恢也、恢廓覆髮上也。魯人曰頍、頍、傾也、著之傾近前也。齊人曰幌[二八]、幌、飾形貌也。華、象草木華也。勝、言人形容正等、一人著之則勝也、蔽髮前爲飾也。爵釵、釵頭及上施爵也。

瑱、鎮也、懸當耳旁、不欲使人妄聽、自鎮重也。或曰充耳、充、塞也、塞耳亦所以止聽也、故里語曰、不瘖不聾、不成姑公。

穿耳施珠曰璫、此本出於蠻夷所爲也、蠻夷婦女輕淫好走、故以此琅璫鎚之也、今中國人傚之耳。

脂、砥也、著面柔滑如砥石也。

粉、分也、研米使分散也。

胡粉、胡、餬也、脂和以塗面也。

黛、代也、滅眉毛去之、以此畫代其處

脣脂 香澤 彊 勺 經粉

也。脣脂，以丹作之，象脣赤也。香澤者，人髮恒枯悴，以此濡澤之也。彊，其性凝強，以制服亂髮也。以丹注面曰勺。勺，灼也。此本天子諸侯群妾當以次進御，其有月事者止而不御，重以口說，故注此於面，灼然爲識，女史見之，則不書其名於第録也。經粉，經，赤也，染粉使赤，以著頰上也。

釋名卷第四

衣裳
領
襟
袂袪
袖
衿帶

釋名卷第五

劉熙字成國撰

釋衣服第十六　釋宮室第十七

釋衣服第十六

凡服上曰衣。衣、依也、人所依以芘寒暑也。下曰裳。裳、障也、所以自障蔽也。領、頸也、以壅頸也、亦言揔領衣體、爲端首也。襟、禁也、交於前、所以禁禦風寒也。袂、掣也、掣、開也、開張之以受臂屈伸也。袪、虚也。袖、由也、手所由出入也、亦言受也、以受手也。衿、亦禁也、禁使不得解散也。帶、蔕也、著於衣、如物

系衽　裾玄端　素積　褘衣　翬　鷂翟　鷂闕翟鞠衣　襢衣　褖衣韠　巨巾

之繫帶也。系、繫也、相連繫也。衽、襜也、在旁襜襜然也。裾、倨也、倨倨然直、亦言在後常見踞也。玄端、其袖下正直端方、與要接也。素積、素裳也、辟積其要中使踧、因以名之也。王后之上服曰褘衣、畫翬雉之文於衣也。伊洛而南、雉青質五色備曰翬。鷂翟、畫鷂雉之文於衣也。江淮而南、雉素質、五采皆備、成章曰鷂。闕翟、剪闕繒爲翟雉形、以綴衣也。鞠衣、黃如菊花色也。襢衣、襢、坦也、坦然正白、無文采也。褖衣、褖然黑色也。韠、蔽也、所以蔽膝前也。婦人蔽膝亦如之。齊人謂之巨巾、田家婦女出自田野、

跪襜　佩　襦袴　褶　禪衣　襡　布襡　襜襦　褠　中衣　裲襠　帕腹　抱腹　心衣

以覆其頭、故因以爲名也。又曰跪襜、跪時襜襜然張也。佩、倍也、言其非一物、有倍貳也、有珠有玉有容刀有帨巾有觿之屬也。襦、耎也、言溫耎也。袴、跨也、兩股各跨別也。褶、襲也、覆上之言也。禪衣、言無裏也。襡、屬也、衣裳上下相連屬也。荊州謂禪衣曰布襡、亦是襜襦、言其襜襜弘裕也。褠、禪衣之無胡者也、言袖夾直形如溝也。中衣、言在小衣之外、大衣之中也。裲襠、其一當胷、其一當背也。帕腹、橫帕其腹也。抱腹、上下有帶、抱裹其腹、上無襠者也。心衣、抱腹而施鉤肩、鉤肩之間施一襠、以奄心

衫 複　單 反閉　袿　襈 裙　緝 緣裙 緣襹　帔 直領　交領　曲領 單襦　要襦　半袖 留幕

也。衫、芟也、衫、末無袖端也。有裏曰複。無裏曰單。反閉襦之小者也、却向著之領、反於背後閉其襟也。婦人上服曰袿、其下垂者上廣下狹、如刀圭也。襈、撰也、青絳爲之緣也。裙、下群也、連接裙幅也。緝、下橫縫緝其下也。緣裙、裙施緣也。緣襹、襹施緣也。帔、披也、披之肩背、不及下也。直領、邪直而交下、亦如丈夫服袍方也。交領、就形名之也。曲領、在內以中襟領上橫壅頸、其狀曲也。單襦、如襦而無絮也。要襦、形如襦、其要上翹、下齊要也。半袖、其袂半襦而施袖也。留幕、冀州所名大褶

袍　侯頭　被　衾　汗衣　鄙袒　羞袒　褌　偪　行縢　襪　履

下至膝者也。留、牢也。幕、絡也。言牢絡在衣表也。袍、丈夫著下至跗者也。袍、苞也。苞、内衣也。婦人以絳作衣裳、上下連、四起施緣、亦曰袍、義亦然也。齊人謂如衫而小袖曰侯頭、侯頭猶言解瀆、臂直通之言也。

被、被也、被覆人也。　衾、广也、其下廣大、如广受人也。

汗衣、近身受汗垢之衣也。詩謂之澤、受汗澤也。或曰鄙袒、或曰羞袒、作之用六尺裁、足覆胷背、言羞鄙於袒而衣此耳。褌、貫也、貫兩脚、上繫要中也。　偪所以自偪束、今謂之行縢、言以裹脚、可以跳騰輕便也。

襪、末也、在脚末也。　履、禮也、飾足所以爲禮也。

舄　屨　屝不借　搏腊　麤　屩屐　鞾　鞣釋　鞋　帛屐

複其下曰舄、舄、腊也、行禮久立、地或泥濕、故複其末下使乾腊也。屨、拘也、所以拘足也。齊人謂韋屨曰屝、屝、皮也、以皮作之、不借、言賤易有宜、各自蓄之、不假借人也。齊人云搏腊、搏腊、猶把鮓、麤貌也、荆州人曰麤、麻韋草皆同名也。麤、措也、言所以安措足也。屩、蹻也、出行著之、蹻蹻輕便、因以爲名也。屐、搘也、爲兩足搘以踐泥也。鞾、跨也、兩足各以一跨騎也。鞣釋、鞾之缺前壅者、胡中所名也、鞣釋、猶速獨、足直前之言也。鞋、解也、著時縮其上如履然、解其上則舒解也。帛屐、以帛作之如屩者、不曰帛屩

晚下　靸韋　仰角　宮室　奥　屋漏

者僑不可踐泥也也踐泥者也此亦可以步泥而浣之故謂之屐也。　晚下如舄其下晚晚而危婦人短者著之可以拜也。　靸韋履深頭者之名也。靸襲也以其深襲覆足也。　仰角屐上施履之名也行不得蹶當仰履角舉足乃行也。

釋宮室第十七

宮穹也屋見於垣上穹隆然也。　室實也人物實滿其中也。　室中西南隅曰奥不見戶明所在祕奥也。　西北隅曰屋漏禮每有親死者輒撤屋之西北隅薪以爨竈煮沐供諸喪用時若值雨則漏遂以名之

也。必取是隅者、禮既祭、改設饌于西北隅、令撤毀之
示不復用也。東南隅曰窔、窔幽也、亦取幽冥也。東
北隅曰宧、宧養也、東北陽氣始出、布養物也。中央
曰中霤、古者寢穴、後室之霤、當今之棟下直室之中、
古者霤下之處也。宅、擇也、擇吉處而營之也。舍、
於中舍息也。宇、羽也、如鳥羽翼自覆蔽也。屋、亦
奧也、其中溫奧也。廟、貌也、先祖形貌所在也。寢、
寢也、所寢息也。城、盛也、盛受國都也。郭、廓也、廓
落在城外也。城上垣曰睥睨、言於其孔中睥睨非
常也。亦曰陴、陴、裨也、言裨助城之高也。亦曰女墻、言

寺　廷獄　牢　圜土　囹圄　亭　傳　瓦　梁　柱　檼　望　棟　桷　椽

其卑小、比之於城、若女子之於丈夫也。寺、嗣也。治事者嗣續於其内也。廷、停也。人所集之處也。獄、确也。實确人之情僞也。又謂之牢、言所在堅牢也。又謂之圜土、築其表墻。其形圜也。又謂之囹圄、囹、領也、圄、御也。領録囚徒禁御之也。亭、停也。亦人所停集也。傳、傳也。人所止息而去、後人復來。轉相傳無常主也。瓦、踝也。踝、确堅貌也。亦言腂也。在外腂見也。

梁、彊梁也。柱、住也。檼、隱也。所以隱桷也。或謂之望、言高可望也。或謂之棟、棟、中也。居屋之中也。桷、确也。其形細而疎确也。或謂之椽、椽、傳也。相傳次

榱桷　櫋　爵頭楣　棳儒　梧欒　盧斗　笮　甍壁　墻垣　墉

而布列也。或謂之榱、在檼旁下列、衰衰然垂也。桷、旅也、連旅旅也。或謂之櫋。櫋、緜也、緜連榱頭使齊平也。上入曰爵頭、形似爵頭也。楣、眉也、近前若面之有眉也。棳儒、梁上短柱也。棳儒猶侏儒、短、故以名之也。梧在梁上、兩頭相觸梧也。欒、攣也、其體上曲、攣拳然也。盧在柱端、都盧負屋之重也。斗、在欒兩頭、如斗也。斗負上負檼也。笮、迮也、編竹相連迫迮也。屋脊曰甍。甍、蒙也、在上覆蒙屋也。壁、辟也、辟禦風寒也。墻、障也、所以自障蔽也。垣、援也、人所依阻以爲援衛也。墉、容也、所以蔽隱形容

籬椐　柵　撤殿陛　納陛　階陳　屏蕭廧　宁　序夾室　堂房　楹

也。籬、離也、以柴竹作之、疏離離也。青徐曰椐、椐、居
也、居於中也。柵、蹟也、以木作之、上平蹟然也。又謂
之撤、撤、緊也、誂誂然緊也。殿有殿鄂也。陛、卑也、有
高卑也。天子殿謂之納陛、言所以納人言之階陛也。
階、梯也、如梯之有等差也。陳、堂塗也、言賓主相
迎陳列之處也。屏、自障屏也。蕭廧在門內、蕭蕭
也、將入於此、自肅敬之處也。宁、佇也、將見君所佇
立、定氣之處也。序、次序也。夾室、在堂兩頭、故曰
夾也。堂猶堂堂、高顯貌也。房、旁也、在堂兩旁也。
楹、亭也、亭亭然孤立、旁無所依也。齊魯讀曰輕、輕、

簷　霤闕　罘罳　觀　樓臺　櫓門　障户　窗　茨廬　蒲

勝也、孤立獨處能勝任上重也。　簷、檐也、接檐屋前
後也。　霤、流也、水從屋上流下也。　闕、在門兩旁、中
央闕然爲道也。　罘罳、在門外。罘、復也。罳、思也、臣將
入請事、於此復重思之也。　觀、觀也、於上觀望也。
樓、謂牖户之間有射孔、樓樓然也。　臺、持也、築土堅
高能自勝持也。　櫓、露也、露上無屋覆也。　門、捫也、
在外爲人所捫摸也。　障、衛也。　户、護也、所以謹護
閉塞也。　窗、聰也、於内窺外爲聰明也。　屋以草蓋
曰茨。茨、次也、次比草爲之也。　寄上曰廬。廬、慮也、取
自覆慮也。　草圓屋曰蒲。蒲、敷也、總其上而敷下也。

庵　廡　庌　井　瀱汋　竈　爨　倉　庫　廐　廩　囷　庾　囤　圌

又謂之庵。庵，奄也，所以自覆奄也。大屋曰廡。廡，幠也。幠，覆也。并冀人謂之庌。庌，正也，屋之正大者也。井，清也，泉之清潔者也。井一有水一無水曰瀱汋。瀱，竭也。汋，有水聲汋汋也。竈，造也，造創食物也。爨，銓也，銓度甘辛調和之處也。倉，藏也，藏穀物也。庫，舍也，物所在之舍也，故齊魯謂庫曰舍也。廐，勼也，勼聚也，牛馬之所聚也。廩，矜也，寶物可矜惜者投之其中也。囷，綣也，藏物繾綣束縛之也。庾，裕也，言盈裕也，露積之言也。盈裕不可稱受，所以露積之也。囤，屯也，屯聚之也。圌，以草作之團團然也。

廁溷圊

軒

泥塗

堊

墍

廁、言人雜在上非一也。或曰溷、言溷濁也。或曰圊、至穢之處宜常修治使潔清也。或曰軒、前有伏似殿軒也。泥、邇也。邇、近也。以水沃土使相黏近也。塗、杜也、杜塞孔穴也。堊、亞也、次也、先泥之次以白灰飾之也。墍、猶煟煟、細澤貌也。

釋名卷第五

牀
榻　獨坐
枰　几
筵　席
簟　薦

釋名卷第六

劉熙字成國撰

釋牀帳第十八

人所坐臥曰牀。牀，裝也，所以自裝載也。長狹而卑曰榻，言其鶴榻然近地也。小者曰獨坐，主人無二，獨所坐也。枰，平也，以板作，其體平正也。〔九〕几，庋也，所以庋物也。筵，衍也，舒而平之，衍衍然也。席，釋也，可卷可釋也。簟，簟也，布之簟簟然平正也。薦，所

蒲　氈　褥　裘溲　榻登　貂席　枕　帷　幕　帟　幔　帳　斗㡘　幢　户㡘　帖　幄

以自薦藉也。蒲、草也、以蒲作之、其體平也。氈、旃也、毛相著旃旃然也。褥、辱也、人所坐褻辱也。裘溲、猶屢數、毛相離之言也。榻登、施大牀之前小榻之上、所以登牀也。貂席、連貂皮以爲席也。枕、檢也、所以檢項也。帷、圍也、所以自障圍也。幕、幕絡也、在表之稱也。小幕曰帟、張在人上、帟帟然也。幔、漫也、漫漫相連綴之言也。帳、張也、張施於牀上也。小帳曰斗、形如覆斗也。㡘、廉也、自障蔽爲廉恥也。幢、容也、施之車蓋、童童然以隱蔽形容也。户㡘、施於户外也。牀前帷曰帖、言帖帖而垂也。幄、

承塵　搏辟　扆　屏風　筆　硯　墨　紙　板　奏　札　簡　簿　笏　槧

屋也。以帛衣板施之，形如屋也。承塵，施於上，承塵土也。搏辟，以席搏著壁也。扆，倚也，在後所依倚也。

屏風，言可以屏障風也。

釋書契第十九

筆，述也，述事而書之也。硯，研也，研墨使和濡也。墨，痗也，似物痗墨也。紙，砥也，謂平滑如砥石也。板，般也，般般平廣也。奏，鄒也，鄒，狹小之言也。札，櫛也，編之如櫛齒相比也。簡，間也，編之篇篇有間也。簿，言可以簿疏密也。笏，忽也，君有教命及所啓白，則書其上，備忽忘也。槧，板之長三尺者也。槧，

牘　籍　檄　檢　璽　印　謁　符　節　傳　券　莂　契

漸也、言其、漸漸然、長也。　牘、睦也、手執之以進見所以爲恭睦也。　籍、籍也、所以籍疏人名戶口也。　檄、激也、下官所以激迎其上之書文也。　檢、禁也、禁閉諸物、使不得開露也。　璽、徙也、封物使可轉徙而不可發也。　印、信也、所以封物爲信驗也。亦言因也、封物相因付也。　謁、詣也、詣、告也、書其姓名於上、以告所至詣者也。　符、付也、書所勑命於上、付使傳行之也。　節、赴也、執以赴君命也。　傳、轉也、轉移所在、執以爲信也。　券、綣也、相約束繾綣以爲限也。　莂、別也、大書中央中破別之也。　契、刻也、刻識其數也。

策　册　示　詣　書　畫　刺書　寫　書刺　長刺　爵里刺　題　署

策、書教令於上、所以驅策諸下也。漢制約勑封侯
曰册。册、賾也、勑使整賾、不犯之也。示、示也、過所至
關津以示之也。詣、啓也、以君語官司所至詣也。
書、庶也、紀庶物也、亦言著之簡紙永不滅也。畫、挂
也、以五色挂物上也。書稱刺書、以筆刺紙簡之上
也。又曰寫、倒寫此文也。書姓字於奏上[一〇]曰書刺、作再
拜起居、字皆達其體、使書盡邊、徐引筆書之、如畫者
也。下官刺曰長刺、長書中央一行而下之也。又曰爵
里刺、書其官爵及郡縣鄉里也。書稱題、題、諦也、審
諦其名號也。亦言第、因其第次也。書文書檢曰署。

告　表　上言　約　勑　謂

署、予也。題、所予者官號也。　上勑下曰告。告、覺也。使覺悟知己意也。　下言上曰表。思之於內、表施於外也。又曰上、示之於上也。又曰言、言其意也。　約、約束之也。勑、飾也。使自警飾不敢廢慢也。　謂、猶謂也。猶得勑不自安、謂謂然也。

釋典藝第二十

三墳　五典　八索　九丘

三墳、墳、分也。論三才之分天地人之治、其體有三也。

五典、典、鎮也。制法所以鎮定上下、其等有五也。

八索、索、素也。著素王之法、若孔子者、聖而不王、制此法者有八也。　九丘、丘、區也。區別九州土氣教化所

經　緯圖　讖易禮　儀傳　記詩　興賦　比雅頌　尚書　春秋

宜施者也。此皆三王以前上古羲皇時書也、今皆亡、惟堯典存也。經、徑也、如徑路無所不通、可常用也。緯、圍也、反覆圍繞以成經也。圖、度也、盡其品度也。讖、纖也、其義纖微也。易、易也、言變易也。禮、體也、得其事體也。儀、宜也、得事宜也。傳、傳也、以傳示後人也。記、紀也、紀識之也。詩、之也、志之所之也。興物而作謂之興、敷布其義謂之賦、事類相似謂之比、言王政事謂之雅、稱頌成功謂之頌、隨作者之志而別名之也。尚書、尚上也、以堯爲上、始而書其時事也。春秋、春秋冬夏終而成歲、春秋書人事、

國語　外傳　爾雅　論語　法　律令　科　詔書　論

卒歲而究備、春秋溫涼中象政和也、故舉以爲名也。

國語、記諸國君臣相與言語謀議之得失也。又曰外傳、春秋以魯爲内、以諸國爲外、外國所傳之事也。

爾雅、爾昵也、昵近也、雅義也、義正也、五方之言不同、皆以近正爲主也。

論語、紀孔子與諸弟子所語之言也。

法、逼也、莫不欲從其志、逼正使有所限也。

律、累也、累人心使不得放肆也。

令、領也、理領之使不得相犯也。

科、課也、課其不如法者、罪責之也。

詔書、詔昭也、人暗不見事宜則有所犯、以此示之、使昭然知所由也。

論、倫也、有倫理也。

稱人之美

讚敘　銘誄　謚　譜統　碑　詞

曰讚。讚、纂也、纂集其美而敘之也。　敘、杼也、杼洩其實、宣見之也。　銘、名也、述其功美、使可稱名也。　誄、累也、累列其事而稱之也。　謚、曳也、物在後爲曳、言名之於人亦然也。　譜、布也、布列見其事也。　統、緒也、主緒人世類相繼、如統緒也。　碑、被也、此本王莽時所設也、施其轆轤、以繩被其上、以引棺也。臣子追述君父之功美、以書其上、後人因焉、無故建於道陌之頭、顯見之處、名其文、就謂之碑也。　詞、嗣也、令撰善言相續嗣也。

斧　鎌　斨仇矛　錐椎耒鑿

釋名卷第七

劉熙字成國撰

釋用器第二十一

斧、甫也。甫、始也。凡將制器、始用斧伐木、已乃制之也。

鎌、廉也。體廉薄也。其所刈稍稍取之、又似廉者也。

斨、戕也。所伐皆戕毁也。

仇矛、讎也。所伐則平、如討仇讎也。

錐、利也。

椎、推也。耒、亦椎也。

鑿、有所

鐫耜　犁檀　鋤　橿鶴枷　羅枷　丫鍤　銷鏵　葉把　拂耨　鎛⿰金冓

穿鑿也。鐫、鐏也、有所鐏入也。耜、似也、似齒之斷物也。犁、利也、利則發土絕草根也。檀、坦也、摩之使坦然平也。鋤、助也、去穢助苗長也。齊人謂其柄曰橿、橿然正直也。頭曰鶴、似鶴頭也。枷、加也、加杖於柄頭以撾穗而出其穀也。或曰羅枷、三杖而用之也。或曰丫、丫杖轉於頭、故以名之也。鍤、插也、插地起土也。或曰銷、銷削也、能有所穿削也。或曰鏵、鏵刳也、刳地爲坎也。其板曰葉、象木葉也。把、播也、所以播除物也。拂、撥也、撥使聚也。耨、以鋤嫗耨禾也。鎛、亦鋤類也。鎛、迫也。⿰金冓、溝也、旣割去壟上草、又

鉪 銍 釿 鐁 鋸 钃 鍾 磬 鼓 鞉 鼙

辟其土、以壅苗根、使壟下爲溝、受水潦也。鉪、殺也、言殺草也。銍、穫禾鐵也。銍銍、斷禾穗聲也。釿、謹也、板廣不可得制削、又有節、則用此釿之、所以詳謹令平滅斧跡也。鐁、鐁彌也、釿有高下之跡、以此鐁彌其上而平之也。鋸、倨也、其體直、所截應倨句之平也。钃、誅也、主以誅除物根株也。

釋樂器第二十二

鍾、空也、内空受氣多、故聲大也。磬、罄也、其聲罄罄然堅緻也。鼓、郭也、張皮以冒之、其中空也。鞉、導也、所以導樂作也。鼙、裨也、裨助鼓節也。鼙在前

朔應　簨虡　業瑟　箏筑　箜篌　枇杷　塤　篪

曰朔，朔、始也。在後曰應，應、大鼓也。 所以懸鼓者，橫曰簨，簨、峻也，在上高峻也。從曰虡，虡、舉也，在旁舉簨也。簨上之板曰業，刻爲牙，捷業如鋸齒也。 瑟，施弦張之，瑟瑟然也。 箏，施弦高急，箏箏然也。 筑，以竹鼓之，筑柲之也。 箜篌，此師延所作靡靡之樂也，後出於桑間濮上之地，蓋空國之侯所存也。師涓爲晉平公鼓焉。鄭衛分其地而有之，遂號鄭衛之音，謂之淫樂也。 枇杷，本出於胡中，馬上所鼓也。推手前曰枇，引手卻曰杷，象其鼓時，因以爲名也。 塤，喧也，聲濁喧喧然也。 篪，啼也，聲從孔出，如嬰兒啼聲也。

簫笙　匏竽　簧　搏拊　柷　敔　舂牘籥　篴鐃　歌

簫、肅也、其聲肅肅而清也。 笙、生也、象物貫地而生也。 竹之貫匏、以瓠爲之、故曰匏也。竽亦是也、其中汙空以受簧也。 簧、橫也、於管頭橫施於中也、以竹鐵作、於口橫鼓之、亦是也。 搏、拊也、以韋盛糠、形如鼓、以手附拍之也。 柷、狀如伏虎、如見柷、柷然也、故訓爲始、以作樂也。 敔、衙也、衙、止也、所以止樂也。 舂、撞也、牘、筑也、以舂築地爲節也。 籥、躍也、氣躍出也。 篴、滌也、其聲滌滌然也。 鐃、聲鐃鐃也。 人聲曰歌、歌、柯也、所歌之言是其質也、以聲吟詠有上下、如草木之有柯葉也、故兗冀言歌聲如柯也。 竹曰

吹吟　弓簫　弭弣　淵弩　臂牙　郭懸刀　機　矢箭

吹，吹推也，以氣推發其聲也。吟，嚴也，其聲本出於憂愁，故其聲嚴肅，使人聽之悽歎也。

釋兵第二十三

弓，穹也，張之穹隆然也。其末曰簫，言簫梢也。又謂之弭，以骨爲之，滑弭弭也。中央曰弣，弣，撫也，人所持撫也。簫弣之間曰淵，淵，宛也，言曲宛也。弩，怒也，有勢怒也。其柄曰臂，似人臂也。鉤絃者曰牙，似齒牙也。牙外曰郭，爲牙之規郭也。下曰懸刀，其形然也。合名之曰機，言如機之巧也。亦言如門戶之樞機開闔有節也。矢，指也，言其有所指向迅疾也。又謂之箭。箭，前進

足　也。其本曰足、矢形似木、木以下爲本、本以根爲足也。

鏑　鏃　又謂之鏑、鏑、敵也、可以禦敵也。齊人謂之鏃、鏃、族也、

釭　言其所中皆族滅也。關西曰釭、釭、鉸也、言有交刄也。

幹　羽　其體曰幹、言梃幹也。其旁曰羽、如鳥羽也、鳥須羽而

衛　飛、矢須羽而前也。齊人曰衛、所以導衛矢也。其末曰

栝　叉　栝、栝、會也、與弦會也。栝旁曰叉、形似叉也。其受之器

箙　笮　以皮曰箙、謂柔服用之也。織竹曰笮、相迫笮之名也。

步叉　鞬　步叉、人所帶、以箭叉其中也。馬上曰鞬、鞬、建也、弓矢

刀　並建立其中也。　刀、到也、以斬伐到其所、刀擊之也。

鋒　環　其末曰鋒、言若鋒刺之毒利也。其本曰環、形似環也。

削
琫 琕
拍髀 露拍
佩刀 容刀
剪刀 書刀
封刀 鉸刀 削刀
戟 戈
常
手戟 矛

其室曰削、削、峭也、其形峭殺裹刀體也。室口之飾曰琫、琫、捧也、捧束口也。下末之飾曰琕、琕、卑也、在下之言也。短刀曰拍髀、帶時拍髀旁也。又曰露拍、言露見也。佩刀、在佩旁之刀也、或曰容刀、有刀形而無刃、備儀容而已。剪刀、剪、進也、所剪稍進前也。書刀、給書簡札有所刊削之刀也。封刀、鉸刀、削刀、皆隨時名之也。戟、格也、旁有枝格也。戈、句矛戟也。戈、過也、所刺擣則決過、所鉤引則制之、弗得過也。車戟曰常、長丈六尺、車上所持也。八尺曰尋、倍尋曰常、故稱常也。手戟、手所持擿之戟也。矛、冒也、刃下

鐏　松櫝　櫝　矟　激矛　仇矛　夷矛　𥎦矛　殳矛　盾　吳魁　須盾

冐矜也。下頭曰鐏，鐏入地也。松櫝長三尺，其矜宜輕以松作之也。櫝，速櫝也，前刺之言也。矛長丈八尺曰矟，馬上所持，言其矟矟便殺也。又曰激矛，激截也，可以激截敵陣之矛也。仇矛頭有三叉，言可以討仇敵之矛也。夷矛，夷，常也，其矜長丈六尺，不言常而曰夷者，言其可夷滅敵，亦車上所持也。𥎦（徐本作務。）矛長九尺者也。𥎦，霍也，所中霍然即破裂也。殳矛，殳殊也。長丈二尺而無刃，有所撞挃於車上，使殊離也。盾，遯也，跪其後避以隱遯也。〔三〕大而平者曰吳魁，本出於吳，爲魁帥者所持也。隆者曰須盾，本出於蜀，

羌盾 陷虜 露見 步盾 子盾 木絡 犀盾 木盾 彭排 鎧 甲 劍 鐔 鋒 鋋 鉤鑲

須所持也。或曰羌盾，言出於羌也。約脅而鄒者曰陷虜，言可以陷破虜敵也。今謂之曰露見是也。狹而長者曰步盾，步兵所持，與刀相配者也。狹而短者曰子盾，車上所持者也。子，小稱也。以縫編板謂之木絡，以犀皮作之曰犀盾，以木作之曰木盾，皆因所用爲名也。彭排，彭，旁也，在旁排敵禦攻也。鎧，猶塏也。塏，堅重之言也。或謂之甲，似物孚甲以自禦也。劍，檢也，所以防檢非常也。又其在身，拱時斂在臂内也。其旁鼻曰鐔。鐔，尋也，帶所貫尋也。其末曰鋒，鋒末之言也。鋋，延也，達也，去此至彼之言也。鉤鑲，兩頭曰

九旗　旂　旃　旗　旟　旆　旐　旝

鉤、中央曰鑲、或推鑲、或鉤引、用之之宜也。　九旗之名、日月爲常、畫日月於其端、天子所建、言常明也。交龍爲旂、旂、倚也、畫作兩龍相依倚也、通以赤色爲之、無文采、諸侯所建也。通帛爲旃、旃、戰也、戰戰恭己而已也、三孤所建、象無事也。　熊虎爲旗、軍將所建、象其猛如虎、與衆期其下也。　鳥隼爲旟、旟、譽也、軍吏所建、急疾趨事、則有稱譽也。　雜帛爲旆、以雜色綴其邊爲翅尾也、將帥所建、象物雜也。　龜蛇爲旐、旐、兆也、龜知氣兆之吉凶、建之於後、察度事宜之形兆也。　金羽爲旝、旝、猶滑也、順滑之貌也。　析羽爲

旌　緌

綏

白旆　翿

幢　旛

校　節

鐸　金鼓

戚　鉞

車

旌、旌精也、有精光也。　緌、有虞氏之旌也、注旄竿首、其形燊燊然也。　綏、夏后氏之旌也、其形衰衰也。　白旆、殷旌也、以帛繼旐末也。　翿、陶也、其貌陶陶下垂也。　幢、童也、其貌童童也。　旛、幡也、其貌幡幡也。　校、號也、將帥號令之所在也。　節、爲號令賞罰之節也。　鐸、度也、號令之限度也。　金鼓、金、禁也、爲進退之禁也。　戚、感也、斧以斬斷、見者皆感懼也。　鉞、豁也、所向莫敢當前、豁然破散也。

釋車第二十四

車、古者曰車、聲如居、言行所以居人也、今曰車、車、舍

玉輅　象輅　金輅　木輅　鉤車　胡車　元戎車　輂車　柏車　羊車　墨車　重較　役車　棧車　軘車

也、行者所處若車舍也。天子所乘曰玉輅、以玉飾車也。輅亦車也、謂之輅者、言行於道路也。象輅、金輅、木輅、各隨所以爲飾名之也。鉤車以行爲陣、鉤股曲直有正、夏所制也。胡車、車胡以罪没入爲官奴者引之、殷所制也。元戎車、在軍前啓突敵陣、周所制也。輂車、人所輂也。柏車、柏、伯也、大也、丁夫服任之小車也。羊車、羊、祥也、祥、善也、善飾之車、今犢車是也。墨車、漆之正黑、無文飾、大夫所乘也。重較、其較重、卿所乘也。役車、給役之車也。棧車、棧靖也、麻靖物之車也、皆庶人所乘也。軘車、戎者所

容車
衣車　獵車
小車
高車　安車
羸車　羔車
檻車　軺車
輜車
軿車
輈　衡

乘也。容車、婦人所載小車也、其蓋施帷、所以隱蔽其形容也。衣車、前戶所以載衣服之車也。獵車、所乘以畋獵也。小車、駕馬輕小之車也、駕馬宜輕、使之局小也。高車、其蓋高立載之車也。安車、蓋卑坐乘、今吏之乘小車也。羸車、羔車、各以所駕名之也。檻車、上施欄檻、以格猛獸之車也。軺車、軺、遥也、遠也、四向遠望之車也。輜車、載輜重臥息其中之車也。輜、廁也、所載衣物雜廁其中也。軿車、軿、屏也、四面屏蔽、婦人所乘牛馬也。輜軿之形同、有邸曰輜、無邸曰軿。輈、句也、轅上句也。衡、橫也、橫馬頸上

游環　脅驅　陰　靷　鋈　續　文鞇　鞦　軾　靯轉　轂　轅　枕　薦板　縮　育

也。游環、在服馬背上、驂馬之外、轡貫之、游移前却無常處也。脅驅、在服馬外脅也。陰、蔭也、横側車前以陰笭也。靷、所以引車也。鋈、金塗沃也、治白金以沃灌靷環也。續、續靷端也。文鞇、車中所坐者也、用虎皮有文采、因與下輿相連著也。鞦、伏也、在前人所伏也。軾、式也、所伏以式敬者也。靯轉、車中重薦也。輕靯轉、小貂也。轂、埆也、體堅埆也。轅、援也、車之大援也。枕、横在前、如臥牀之有枕也。枕、横也、横在下也。薦板、在上如薦席也。齊人謂車枕以前曰縮、言局縮也。兗冀曰育、御者坐中執御、育育然

較　立人
陽門　楅
烏啄
隆强　車弓
郎疏　輒
輞　輮
𨊻　輪
𨎥　輿　軸
釭　鐧
轄　輠

也。較在箱上爲辜較也。立人，象人立也。或曰
陽門在前曰陽，兩旁似門也。楅，柅也，所以柅牛頸
也。馬曰烏啄，下向又馬頸，似烏開口向下啄物時也。
隆强，言體隆而强也。或曰車弓，似弓曲也。其上竹
曰郎疏，相遠晶晶然也。輒，複也，重複非一言之也。
輞，罔也，罔羅周倫之外也。關西曰輮，言曲輮也。或
曰𨊻。𨊻，緜也，緜連其外也。輪，綸也，言彌綸也。周匝
之言也。𨎥，言輻𨎥入轂中也。輿，舉也。軸，抽也，
入轂中可抽出也。釭，空也，其中空也。鐧，間也，間
釭軸之間使不相摩也。轄，害也，車之禁害也。輠，

軹 笭 蓋 軬 轑 杠 䡟輗 屐 伏兔 輹 鉤心 縛 棠 幰 紲 紛 轡 勒

裏也，裏軹頭也。軹，指也，如指而見於轂頭也。笭，横在車前，織竹作之，孔笭笭也。蓋在上覆蓋人也。軬，藩也，蔽水雨也。轑，蓋叉也，如屋構橑也。杠，公也，衆叉所公共也。䡟輗，猶秘齧也，在車軸上正輪之秘齧前却也。屐似人屐也。又曰伏兔，在軸上似之也。又曰輹。輹，伏也，伏於軸上也。鉤心，從輿心下鉤軸也。縛，在車下，與輿相連縛也。棠，蹀也，在車兩旁蹀幰，使不得進却也。幰，憲也，禦熱也。紲，制也，牽制之也。紛，放也，防其放弛以拘之也。轡，咈也，牽引咈戾以制馬也。勒，絡也，絡其頭而引之。

銜 鑣 鞅 樊纓 韅 靽 羈 韁 鞧 負 靷

也。銜，在口中之言也。鑣，苞也，所以在旁苞斂其口也。鞅，嬰也，喉下稱嬰，言纓絡之也。其下飾曰樊纓，其形樊樊而上屬纓也。韅，經也，橫經其腹下也。靽，半也，拘使半行不得自縱也。羈，檢也，所以檢持制之也。韁，疆也，繫之使不得出疆限也。鞧，遒也，在後遒迫不得使卻縮也。負，在背上之言也。靷，懸也，所以懸縛軛也。

釋船第二十五

船 舟 棖 柂

船，循也，循水而行也。又曰舟，言周流也。其前立柱曰棖，棖，巍也，巍巍高貌也。其尾曰柂，柂，拕也，後見拕

櫓　笮　櫂　札　楫交　帆　笭　笭突　覆廬　飛廬

曳也、且弼正船使順流不使他戾也。在旁曰櫓、櫓、膂也、用膂力然後舟行也。引舟者曰筰、筰、作也、作、起也、起舟使動行也。在旁撥水曰櫂、櫂、濯也、濯於水中也、且言使舟櫂進也。又謂之札、札、形似札也、又謂之楫、楫、捷也、撥水使舟捷疾也。所用斥旁岸曰交、交、一人前一人還相交錯也。帆、泛也、隨風張幔曰帆、使舟疾汎汎然也。舟中牀以薦物者曰笭、言但有簀如笭牀也。南方人謂之笭突、言濕漏之水突然從下過也。其上板曰覆、言所覆衆枕也、其上屋曰廬、象廬舍也。其上重室曰飛廬、在上故曰飛也、又在上曰

爵室　先登
艨衝
赤馬舟
艦
斥候
䑿
艇

爵室、於中候望之、如鳥雀之警示也。軍行在前曰先登、登之向敵陣也。　狹而長曰艨衝、以衝突敵船也。　輕疾者曰赤馬舟、其體正赤、疾如馬也。　上下重牀曰艦、四方施板、以禦矢石、其內如牢檻也。　五百斛以上還有小屋曰斥候、以視敵進退也。　三百斛曰䑿、䑿、貂也、貂、短也、江南所名短而廣安不傾危者也。　二百斛以下曰艇、其形徑挺、一人二人所行也。

釋名卷第七

疾病 病　疹 疢　痛 癢　眩　歷匘　秃 瘕 毼

釋名卷第八

劉熙字成國撰

釋疾病第二十六　釋喪制第二十七

釋疾病第二十六

疾病者，客氣中人急疾也。病，並也，並與正氣在膚體中也。疹，診也，有結氣可得診見也。疢，久也，在體中也。痛，通也，通在膚脈中也。癢，揚也，其氣在皮中，欲得發揚，使人搔發之而揚出也。眩，懸也，目視動亂，如懸物遥遥然不定也。〔三〕歷匘，匘從耳鼻中出，歷歷然也。秃，無髮沐秃也。毼，頭生創曰瘕，毼亦然

盲　瞽　矇　瞍　瞎　通視　麗視　眇　䁾　浸　聾　鼽　齲　瘖　癭

也。盲、茫也、茫茫無所見也。瞽、鼓也、瞑瞑然目平合如鼓皮也。矇、有眸子而失明、蒙蒙無所別也。瞍、縮壞也。瞎、迄也、膚幕迄迫也。眸子明而不正曰通視、言通達目匡一方也。又謂之麗視、麗、離也、言一目視天、一目視地、目明分離、所視不同也。目匡陷急曰眇、眇、小也。目眥傷赤曰䁾、䁾、末也、創在目兩末也。目生膚入眸子曰浸、浸、侵也、言侵明也、亦言浸淫轉大也。聾、籠也、如在蒙籠之內、聽不察也。鼻塞曰鼽、鼽、久也、涕久不通、遂至窒塞也。齲、朽也、蟲齧之齒缺朽也。瘖、唵然無聲也。癭、嬰也、在頸

癰　消潵　嘔　欬　喘　吐　妬　疝　脴　哺　注病　泄利　䐢

嬰喉也。癰、喉氣著喉中不通、稸成癰也。消潵、潵、
渴也、腎氣不周於胷胃中、津潤消渴、故欲得水也。
嘔、傴也、將有所吐、脊曲傴也。欬、刻也、氣奔至出入
不平調、若刻物也。喘、湍也、湍、疾也、氣出入湍疾也。
吐、瀉也、故揚豫以東謂瀉爲吐也。乳癰曰妬、妬、
褚也、氣積褚不通、至腫潰也。心痛曰疝、疝、詵也、氣
詵詵然上而痛也。脴、否也、氣否結也。小兒氣結
曰哺、哺、露也、哺而寒露、乳食不消、生此疾也。注病、
一人死、一人復得、氣相灌注也。泄利、言其出漏泄
而利也。下重而赤白曰䐢、言厲䐢而難也。陰腫曰

隤　疝
疼　痔　酸
消　懈
厥　瘧
疥　癬
胗
腫　癰
痳　創

隤，氣下隤也。又曰疝，亦言詵也，詵詵引小腹急痛也。

疼，旱氣疼疼然煩也。

痔，食也，蟲食之也。

酸，遜也，遜遁在後也，言脚疼力少，行遁在後，以遜遁者也。

消，弱也，如見割削，筋力弱也。

懈，解也，骨節解緩也。

厥，逆氣從下厥起，上行入心脅也。

瘧，酷虐也，凡疾或寒或熱耳，而此疾先寒後熱，兩疾似酷虐者也。

疥，齘也，癢搔之，齒類齘也。

癬，徙也，浸淫移徙處日廣也，故青徐謂癬為徙也。

胗，展也，癢搔之，捷展起也。

腫，鍾也，寒熱氣所鍾聚也。

癰，壅也，氣壅否結裏而潰也。

痳，懍也，小便難，懍懍然也。

創，戕

痍瘢　痕瘤　贅　肬

也。戕毀體使傷也。痍、侈也、侈開皮膚爲創也。瘢、漫也、生漫故皮也。痕、根也、急相根引也。瘤、流也、血流聚所生瘤腫也。贅、屬也、横生一肉、屬著體也。肬、丘也、出皮上聚高如地之有丘也。

釋喪制第二十七

死不禄　卒薨　崩殪　徂落　殺

人始氣絶曰死、死、澌也、就消澌也。士曰不禄、不復食禄也。大夫曰卒、言卒竟也。諸侯曰薨、薨、壞之聲也。天子曰崩、崩、壞之形也。崩、硼聲也。殪、翳也、就隱翳也。徂落、徂、祚也、福祚殞落也、徂亦往也、言往去落也。罪人曰殺、殺、竄也、埋竄之使不復見也。

誅　溺　燒兵　弑縊　雉經　考竟 棄市　斬　腰斬 轘　烹　掠 壽終

罪及餘人曰誅、誅、株也、如株木根枝葉盡落也。 死於水者曰溺、溺、弱也、不能自勝之言也。 死於火者曰燒、燒、燋也。 戰死曰兵、言死爲兵所傷也。 下殺上曰弑、弑、伺也、伺間而後得施也。 懸繩曰縊、縊、阨也、阨其頸也。 屈頸閉氣曰雉經、如雉之爲也。 獄死曰考竟、考得其情、竟其命於獄也。 市死曰棄市、市、衆所聚、言與衆人共棄之也。 斫頭曰斬、斬腰曰腰斬、斬、暫也、暫加兵即斷也。 車裂曰轘、轘、散也、肢體分散也。 煮之於鑊曰烹、若烹禽獸之肉也。 槌而死曰掠、掠、狼也、用威大暴於豺狼也。 老死曰壽

夭殤　考　妣　物故　尸　襲　冒　絞衿　含握

終壽久也終盡也生已久遠氣終盡也。少壯而死曰夭如取物中夭折也。未二十而死曰殤殤傷也可哀傷也。父死曰考考成也亦言槁也槁於義爲成凡五材膠漆陶冶皮革乾槁乃成也。母死曰妣妣比也比之於父亦然也。漢以來謂死爲物故言其諸物皆就朽故也既定死曰尸尸舒也骨節解舒不復能自勝斂也。衣尸曰襲襲匝也以衣周匝覆衣之也。以囊韜其形曰冒覆其形使人勿惡也。已衣所以束之曰絞衿絞交也交結之也衿禁也禁繫之也。含以珠具含其口中也。握以物著尸手

斂棺　櫬　柩　殯攢　縗　絰絞帶　斬齋　大功　小功緦麻　錫縗　疑（縗）

中使握之也。衣尸棺曰斂、斂藏不復見也。棺、關也、關閉也。櫬、廓也、廓落在表之言也。尸已在棺曰柩、柩、究也、送終隨身之制皆究備也。於西壁下塗之曰殯、殯、賓也、賓客遇之言稍遠也。塗曰攢、攢木於上而塗之也。三日不生、生者成服曰縗、縗、摧也、言傷摧也。絰、實也、傷摧之實也。絞帶、絞麻緦爲帶也。三年之縗曰斬、不緝其末、直翦斬而已。期曰齋、齋、齊也。九月曰大功、其布如麤大之功、不善治練之也。小功、精細之功、小有飾也。緦麻、緦、絲也、績麻緦如絲也。錫縗、錫、治也、治其麻使滑易也。疑、

繐 疏 環経

儗也儗於吉也。繐細如繐也。疏疏如繐也。環

弁経

経末無餘散麻圓如環也。弁経如爵弁而素加経

重

也。重死者之資重也含餘米以爲粥投之甕而懸

葬 壙

之比葬未作主權以重主其神也。葬藏也。壙曠

轜

也藏於空曠處也。轜棺之車曰轜轜耳也懸於左

柳

右前後銅魚搖絞之屬耳耳然也。其蓋曰柳柳聚

鼈甲

也衆飾所聚亦其形僂也亦曰鼈甲以鼈匡亦然也。

牆 翣

其旁曰牆似屋牆也。翣齊人謂扇爲翣此似之也

象翣扇爲清涼也翣有黼有畫各以其飾名之也兩

披

旁引之曰披披擺也各於一旁引擺之備傾倚也。

紼　繂　緘　小要　衽　明器　塗車　芻靈　奠　殷奠　虞　卒哭　祔　小祥

從前引之曰紼、紼、發也、發車使前也。懸下壙曰繂、繂、將也、徐徐將下之也。棺束曰緘、緘、函也、古者棺不釘也。旁際曰小要、其要約小也。又謂之衽、衽、任也、任制祭會使不解也。送死之器曰明器、神明之器異於人也。塗車、以泥塗爲車也。芻靈、束草爲人馬、靈名之也。喪祭曰奠、奠、停也、言停久也、亦言樸奠、合體用之也。朔望祭曰殷奠、所用殷衆也。既葬還祭於殯宮曰虞、謂虞、樂安神、使還此也。又祭曰卒哭、卒、止也、止孝子無時之哭、朝夕而已也。又祭曰祔、祭於祖廟、以後死孫祔於祖也。期而小祥

大祥　禫　冢　墓丘陵　肂　渴慢　埋　棄　捐

亦祭名也、孝子除首絰、服練冠也。祥、善也、加小善之飾也。又期而大祥、亦祭名也、孝子除縗服、服朝服縞冠、如大善之飾也。間月而禫、亦祭名也、孝子之意澹然、哀思益衰也。冢、腫也、象山頂之高腫起也。墓、慕也、孝子思慕之處也。丘、象丘形也。陵、亦然也。假葬於道側曰肂、肂、翳也。日月未滿而葬曰渴、言謂欲速葬、無恩也。過時而不葬曰慢、謂慢傲不念早安神也。葬不如禮曰埋、埋、痗也、趨使葬腐而已也。不得埋之曰棄、謂棄之於野也。不得停尸曰捐、捐、於地遺者也。

編者注

〔一〕畢沅認爲「舌卷」乃「口卷」之訛，該條「當承吻下，故併爲一而以『或曰』字聯合之」。

〔二〕「樞」前畢沅認爲當有「又樞也」三字。

〔三〕此疑爲「蹄，底也，足底也」，故不出字頭，不做索引。

〔四〕載，畢沅認爲當作「戴」。

〔五〕徒，畢沅認爲當作「使」。

〔六〕捉，一本作「促」。

〔七〕蹋，一本作「榻」。

〔八〕遵，畢沅認爲當作「遒」。下「遵」字同。

〔九〕此處當爲「貸騃，貸者言……」。

〔一〇〕娣，畢沅由下文「母之姊妹曰姨亦如之」推當作「姨」。

〔一一〕此與上當爲一條。

〔一二〕偉，畢沅認爲當作「傳」。下二「偉」同。

〔一三〕嘆，畢沅認爲當作「羹」。

〔一四〕一本作「滓」，或作「菹」。

〔一五〕據上下文及前人考證加。

〔一六〕柰油，重出，疑有誤。

〔一七〕以韎韋爲之也，據上文，當爲「以韎韋爲之謂之韋弁」，故立詞條「韋弁」。

〔一八〕幌，畢沅認爲當作「帨」。

〔一九〕當作「𢊁」。

〔二〇〕書，一作「畫」。

〔二一〕須，一作「湏」，下「須」字同。

〔二二〕椳，一作「桅」。

〔二三〕𩨨頭生創曰瘕，畢沅認爲當作「𩨨，頭生創也。頭有創曰瘍」。

音序索引

愚若　編

本索引按漢語拼音順序排列，同音字按出現先後次序排列；多音詞按出現先後次序依次排列於首字下。本索引是爲方便檢索而設，故不對讀音作嚴格的考證。

筆畫索引

愚若　編

本索引按漢字筆畫多少爲序排列，同筆畫者按横豎撇點折的次序排列；多音詞按照次字筆畫多少爲序依次排列於首字下。

五畫

六畫

九畫

十畫

十一畫

十二畫

十三畫

十四畫

十五畫

十六畫